CARTAS PEDAGÓGICAS

APRENDIZADOS QUE SE ENTRECRUZAM E SE COMUNICAM

Isabela Camini

CARTAS PEDAGÓGICAS

APRENDIZADOS QUE SE ENTRECRUZAM E SE COMUNICAM

1ª edição

EDITORA
OUTRAS EXPRESSÕES

São Paulo – 2012

Revisão: *Dulcinéia Pavan*
Projeto gráfico e diagramação: *ZAP Design*

Dados Internacionais de Catalogação-na-Publicação (CIP)

C103c Camini, Isabela
Cartas pedagógicas: aprendizados que se entrecruzam e se comunicam. / Isabela Camini.—1.ed. —São Paulo : Outras Expressões, 2012.
103p.

ISBN 978-85-64421-35-6

1. Educação. 2. Educação popular. 3. Ensino. I. Título..

CDD 370

Catalogação na Publicação: Eliane M. S. Jovanovich CRB 9/1250

1ª edição: novembro de 2012
2ª reimpressão: fevereiro de 2024

EDITORA OUTRAS EXPRESSÕES
Alameda Nothmann, 806
Sala 06 e 08 – CEP 01216-001 – Campos Elíseos-SP
livraria@expressaopopular.com.br
www.expressaopopular.com.br
ed.expressaopopular
editoraexpressaopopular

SUMÁRIO

APRESENTAÇÃO

Prezados leitores,

Inicialmente recebam nosso abraço e desejo de que todos se encontrem com saúde e esperança, situações sem as quais a vida fica muito mais difícil. Este momento é muito importante para nós porque estamos possibilitando que cheguem até vocês, através destas cartas pedagógicas, notícias, informações e mensagens que traduzem uma excelente reflexão coletiva de um conjunto de educadoras e educadores que atuam em parceria com o Camp nestes últimos anos.

É um momento especial porque nossa entidade inicia a comemoração de seu aniversário de 30 anos. Sim, nos constituímos como entidade em 27 de março de 1983. Éramos cerca de 30 jovens provenientes das comunidades eclesiais de base, dos movimentos de apoio aos trabalhadores sem terra, das lutas sindicais urbanas e rurais, das lutas comunitárias e de pessoas oriundas da resistência à ditadura. Comemorar três décadas num momento histórico tão particular para nosso Brasil e para a América Latina, confessamos, é um privilégio que gostamos de compartilhar e agradecer.

Somos uma organização social que preza pela educação popular, com toda a sua radicalidade democrática, com toda a sua complexidade dialética e com a sua dinâmica coletiva e criativa. Como educadoras e educadores populares aprendemos que sem a perspectiva histórica, sem a consciência crítica, sem a leitura continuada e, principalmente, sem a reflexão sobre a prática, não há aprendizados coletivos.

A prática, como bem nos informou Marx em seus ensinamentos, é o critério da verdade. Poderíamos dizer, de outra forma, que a fé sem obras é morta. São duas formas de afirmar a mesma coisa. Somos aquilo que fazemos. E o Camp se orgulha do que faz. Portanto, se orgulha do que é. Mas isso não significa que estejamos satisfeitos. Queremos mais.

E confessamos, caros leitores, que uma das coisas que gostaríamos de ter feito mais nestes anos de existência é a produção de conteúdo. Ainda mais uma produção coletiva. Por isso, nossa imensa alegria de possibilitar que estas "cartas pedagógicas" estejam em suas mãos neste momento. Por iniciativa da equipe pedagógica da Recid/Camp e o apoio de um grande grupo de pessoas foi possível esta produção carregada de conteúdo, história, afeto e esperanças. Um esforço e método pedagógico que proporciona com leveza e profundidade que cada um e cada uma possam expressar aquilo que pensam, acreditam e criticam nas nossas práticas cotidianas.

Uma forma, talvez, de superar aquela dificuldade inicial de escrever, que até mesmo Rosa Luxemburgo tinha e expressou em uma carta a Leo Jogiches, seu amado, quando dizia: "dilacera-me ter tanta dificuldade para escrever. Maldição! Não posso ser uma escritora genuína se tenho que arrancar os cabelos para me forçar a escrever qualquer coisa banal. Só sobre circunstâncias incomuns, quando fico excitada, minha pena tem asas". Se até ela, pensadora revolucionária, se via em situações de dificuldades para escrever, que dirá nós.

Assim, reconheçam nosso esforço e leiam com a atenção e o cuidado necessários para uma reflexão produtiva. Afinal, estas cartas são os meios pelos quais nossas histórias se entrecruzam, se entrelaçam e se reconhecem. Sabemos que, assim como o Camp, uma organização social do Sul do Brasil que luta há 30 anos por um novo mundo possível, vocês colocam suas vidas e suas escolhas a serviço desta mesma causa.

Um grande abraço e boa leitura a tod@s.

Porto Alegre, 28 de setembro de 2012

Mauri J. V. Cruz

Pelo Conselho Diretor do Camp

PREFÁCIO

É com imensa alegria que recebi o convite de prefaciar este livro de Isabela, pois acredito na importância social e política do seu trabalho que, em conjunto com outras e outros ilustres companheiras(os), vem militando há anos no campo da educação popular articulada com os movimentos sociais populares. O significado ético e a contribuição humana e social da Recid (Rede de Educação Cidadã), que teve em Frei Betto um dos mentores e inspirador na luta por importantes transformações sociais mais recentes no Brasil, é algo inegável e hoje felizmente mais reconhecido entre nós. Tal reconhecimento ocorre, principalmente, pela opção de trabalhar em forma de rede que articula diferentes iniciativas de movimentos sociais populares e pelos esforços em desenvolver uma metodologia de trabalho coerente com o legado de Paulo Freire. Ou seja, coerente com os desafios da pedagogia dialógica, participativa e politicamente comprometida com o processo de transformação social a favor das classes populares.

O texto de Isabela que ora vem a público é instigante por vários motivos mas, principalmente, pelo estilo cativante e provocativo na forma como mostra o potencial educativo das cartas pedagógicas e, igualmente, no modo como trabalha o contexto histórico em que "nossos mestres" na arte de escrever cartas desenvolveram essa forma de comunicação direta, envolvente e muito rica em transmitir mensagens aos outros. Segundo a autora, as cartas pedagógicas constituem uma arte e também uma metodologia de trabalho educativo com importante tradição, e para nós, hoje, fica a herança e o desafio de dar continuidade. Desafio que Isabela ilustra com as seguintes palavras: "aqui nos anunciamos herdeiros de uma tradição, apenas iniciada de escrever cartas pedagógicas. Portanto, se somos herdeiros de algum bem material ou social, somos também responsáveis por cuidar dele e continuá-lo".

A prática de escrever cartas – que servem para nos comunicar com entes queridos, ou transmitir mensagens para multidões e, até mesmo educar um povo através de parábolas, metáforas e lições de vida – transforma-se em uma pedagogia muito fecunda e criativa por seu potencial de atingir as pessoas, não só nos aspectos do conhecimento lógico-racional, através das informações que o texto escrito aborda, mas, também, pela capacidade do texto em forma de cartas tocar o coração das pessoas. As cartas, via de regra, atingem tais emoções, o sentimento e a afetividade humana e, dessa forma, conseguem desafiar os sentimentos mais humanizadores e, assim, atingir a sensibilidade humana a partir da mensagem escrita em um certo contexto, mas que muitas vezes tem validade e fazem eco em novos contextos bem distintos daquele que o autor pensou ao escrever sua mensagem.

Eis, então, um grande potencial pedagógico e importante recurso didático para educar a sensibilidade humana, que Isabela reconhece ser fecunda nos diferentes mestres familiarizados nessa metodologia de comunicar-se com o *outro*. Tal sabedoria, de educar através da "arte de escrever cartas", perpassa a história humana e está presente em diferentes épocas e culturas. Ou seja, é um aspecto inerente nas cartas do Apóstolo Paulo, de Francisco de Assis, Rosa Luxemburgo, Antônio Gramsci, Che Guevara, Dom Hélder Câmara, Saramago e Paulo Freire, além de outros que Isabela analisou na história da literatura. Mas, é importante ratificar que o critério da autora na escolha de nossos mestres é o senso de humanidade e justiça social que está presente em seus registros, nas leituras de mundo e nas mensagens intencionalmente delimitadas nas cartas pedagógicas. Como diz Isabela, os mestres acima foram pessoas que viveram profundamente envolvidas nas teias e nos dilemas do seu tempo, como intelectuais, políticos ou religiosos, empenhados em lutar contra as injustiças e construir um mundo diferente, ao mesmo tempo. Que possamos tê-los como referência de lutadores e lutadoras do povo!

Ao analisar a trajetória de Paulo Freire na luta por uma educação popular, crítica e humanizadora e, igualmente, na elaboração de vários livros voltados para a pedagogia libertadora, Isabela identifica a intencionalidade pedagógica que perpassa os textos de Freire escritos na forma de cartas, principalmente três deles: *Cartas à Guiné Bissau, Cartas a Cristina* e *Pedagogia da indignação.* Assim, na inspiração freiriana, uma carta pedagógica não é uma carta qualquer. Ao contrário, para a autora, uma carta terá cunho pedagógico se seu conteúdo conseguir interagir com o ser humano, comunicar o humano de si para o humano do outro. Sendo um pouco mais incisivo nesta reflexão, diríamos que uma carta pedagógica, necessariamente, precisa estar grávida de pedagogia. Portar sangue, carne e osso pedagógicos.

Nesse sentido, comungo com a análise de Isabela quando entende que a partir das cartas pedagógicas de Freire, podemos reler toda a obra desse grande educador brasileiro, enriquecendo ainda mais as relações de suas propostas de educação popular com as lutas sociais de organização dos movimentos populares. Esse é um importante elo que Isabela faz mostrando o valor e o significado das cartas pedagógicas com a Recid (Rede de Educação Cidadã), pois nelas reside um grande tesouro a ser explorado e cultivado por muitas gerações de educadores populares, comprometidos e engajados nas lutas sociais das classes populares por justiça e igualdade entre as pessoas e povos.

Portanto, nada melhor que apresentar, nesse momento, a avaliação de quem vem coordenando e vivendo cotidianamente o significado pedagógico que a prática de escrever cartas está a realizar atualmente na Recid, atingindo as diferentes regiões de nosso querido Brasil. Nesses termos Isabela se expressa com base na experiência coletiva de escrever, ler e responder cartas:

> A Recid em nível nacional dá um passo à frente, inovando ou até radicalizando a intencionalidade de uma carta pedagógica, porque buscou entender a herança, e assumiu para si o desafio de dar essa continuidade, recriando e reinventando novas formas de comunicação, porque o próprio Freire não queria ser repetido, copiado, e sim recriado. Por isso, inaugura algo novo nesta experiência

e na forma de comunicar pedagogia, quando incentiva, dá condições e exercita a redação de cartas coletivas, com a intenção de anunciar o trabalho de educação popular da Rede. E, à medida que avançamos neste princípio de escrever cartas com a finalidade de que sejam lidas e, mais ainda, se dermos um passo adiante e formos capazes de dar respostas pedagógicas às cartas pedagógicas, vai se concretizando a vivência de uma nova cultura, tanto da escrita da palavra, quanto da leitura da realidade da vida.

Nesse contexto, ao dar continuidade à tradição das cartas pedagógicas e buscar inovar essa metodologia fecunda na forma de organizar, planejar e por em prática experiências inovadoras de educação popular no Brasil hoje, a Recid mostra-se ousada e comprometida com o legado da pedagogia freireana. E mais do que isso, mostra a importância de trabalharmos em rede de movimentos populares e de educação popular, pois os desafios são cada vez mais gigantescos em termos de articulação da luta política a favor das transformações sociais necessárias para atingirmos uma sociedade justa, digna e, assim, como Paulo Freire não se cansava de insistir, podermos sonhar no futuro próximo com um mundo mais belo para vivermos e juntos desfrutarmos.

Jaime José Zitkoski
Prof. Dr. FACED/UFRGS

CARTAS PEDAGÓGICAS

APRENDIZADOS QUE SE ENTRECRUZAM E SE COMUNICAM

Isabela Camini[1]

inverno de 2012

Amanhã vou precisar de toda a minha força e de toda a minha vontade. Já volto a sonhar, como tantas noites, e esqueço que esta é a minha carta de despedida. É por isso que esforço-me para despedir-me de vocês agora, para não ter que fazê-lo nas últimas e difíceis horas. Depois desta noite, quero viver para este futuro tão breve que me resta. De ti aprendi, o quanto significa a força de vontade, especialmente se emana de fontes como as nossas. Lutei pelo justo, pelo bom e pelo melhor do mundo (trechos da última de carta de Olga a Carlos, abril de 1942).

Gostaria, agora, ao encerrar este conjunto de cartas, de propor a quem venha a ler o livro que nascerá delas alguns temas que se vêm pondo a mim como problemas neste fim de século, que é também de milênio. Problemas entre os quais, alguns, emersos recentemente, outros, de há muito, presentes na história, mas que, agora, ocupando espaços visíveis, ganham novas cores (décima oitava carta de Paulo Freire a Cristina, 1994).

[1] Doutora em Educação pela UFRGS. Coordenadora pedagógica da Recid/Camp-2010/2012.

> Se alguma vez tiverem que ler esta carta, será porque eu não estarei mais entre vocês. Quase não se lembrarão de mim e os mais pequenos não recordarão nada. O pai de vocês tem sido um homem que atua, e certamente, leal a suas convicções... (carta de Che Guevara aos filhos, sem data).

Frente ao desafio de olhar para o conjunto de práticas pedagógicas da Recid[2]/Camp[3], no período de execução do convênio Camp/SDH/PR/2010-2012, deu-se ênfase para as cartas pedagógicas, uma experiência que a Rede de Educação Cidadã (Recid) vem incentivando a seus educadores e educadoras populares. Sendo assim, a escrita a seguir pretende contribuir para uma reflexão acerca da prática de comunicar pedagogia: escrevendo cartas. Uma experiência iniciada há séculos, especialmente nos cárceres e exílios, continuada por Paulo Freire, e

---

[2] A Rede de Educação Cidadã (Recid) foi constituída a partir do projeto original Fome Zero, no Governo Lula em 2003. Esta rede está organizada em 26 Estados da Federação e Distrito Federal. Sua atuação se dá junto aos movimentos sociais e populares, do campo e da cidade. Tendo como princípio o Projeto de Educação Popular, busca construir em suas ações, o Projeto Popular para o Brasil.

[3] As atividades realizadas pela Recid são financiadas por recursos do governo federal, através de um convênio com a Secretaria de Direitos Humanos, em sua área de Educação em Direitos Humanos. Atualmente, a entidade âncora nacional é o Centro de Assessoria Multiprofissional (Camp). Mais informações: www.camp.org.br.

hoje ressignificada e germinada no meio popular. Na atualidade, por se constituir uma prática um tanto nova e desafiadora neste meio, pode também ser entendida como uma forma de contestação à ausência de formação de novos escrevedores de cartas, se comparada a outros tempos. Nessa perspectiva, conhecer o pensamento e a mística[4] de alguns escrevedores de cartas ao longo da história da humanidade, tem por objetivo melhorar a prática de escrever cartas e cartas pedagógicas, bem como incentivar e promover esta prática, especialmente no âmbito dos movimentos sociais.

Pelo vínculo desta temática com as questões relacionadas ao projeto de educação popular – por isso sua atualidade – esse trabalho/pesquisa se destina a contribuir na formação de educadores populares e

---

[4] Mística: entendemos as grandes motivações e ideais que mobilizam a pessoa, a comunidade, para a ação. A mística é a força motriz, a fonte que arranca a pessoa do egoísmo e a entrega a uma militância. A mística é constituída por um grande ideal e inspiração que neutraliza os ídolos do egoísmo. A mística é, pois, o motor secreto de todo compromisso, aquele entusiasmo que anima permanentemente o militante, aquele fogo interior que alenta as pessoas na monotonia das tarefas cotidianas e, por fim, permite manter a soberania e a serenidade nos equívocos e nos fracassos. É a mística que nos faz antes aceitar uma derrota com honra que buscar uma vitória com vergonha, porque fruto da traição aos valores éticos e resultado das manipulações e mentiras (Boff; Betto, 1994, p. 25).

de educadores que atuam no espaço escolar, formal e usual, na perspectiva da transformação social. Também poderá ser utilizado nos processos de formação de militantes de movimentos sociais e populares, ou comunidades de base. Ou, ainda, poderá ser favorável a todos aqueles/as cujo princípio de escrever cartas pedagógicas, com conteúdo e metodologia popular, lhes interessar. O importante é que o esforço de ordenar e apresentar uma leitura sobre esta temática tenha uma função social; especialmente hoje, diante do trabalho desafiador enfrentado pela Comissão Nacional da Verdade, que buscará esclarecer a verdade sobre os fatos e danos causados às famílias dos presos e desaparecidos políticos nos anos da ditadura militar.

Porém, antes de continuar, lembro que desde o primeiro momento em que nasceu a ideia desta escrita, estava entendido que esse processo seria construído com a interlocução permanente da Equipe Pedagógica da Recid/Camp. Deste modo, Lúcio Centeno, Maria do Carmo Karam, Nilda Franchi, Terezinha Vergo e Cláudia Andrieux foram os fiéis leitores e debatedores de todas as páginas que se seguem. Por isso, e também porque incluo, em algumas partes dessa escrita, educadores/as que comungam desta caminhada, o/a leitor/a encontrará ora o verbo na primeira pessoa do plural (nós), ora na primeira do singular (eu). Pois, à medida que a reflexão sobre a temática em questão foi tomando a dimensão pretendida, também esta foi entregue e submetida à leitura de Aldir Crocoli, Sonilda Pereira, Francisco Martins Teixeira, Antonio Silveira de Souza e Selvino Hech. Seus comentários e observações, contundentes, se somaram positivamente ao texto. A todos e a todas, minha gratidão.

A tradição de escrever cartas

Olhando para a história da humanidade, é visível que escrever cartas é uma tradição secular.[5] Cartas foram escritas com diferentes propósitos, como o de informar grandes descobertas, declarar amor ou saudade, articular uma guerra, descrever lugares...

---

[5] Como comunicação manuscrita ou impressa, endereçada a alguém, estes documentos surgem no contexto histórico da evolução da escrita e seu papel de comunicação. Tanto no diálogo cotidiano (oral) como na correspondência (escrita), aquele a quem responde o meu destinatário, de quem, por sua vez, aguarda-se sempre uma resposta, assim constituem-se dois tipos de textos. Para saber mais, ler: Gehrke, M. *Escrever para continuar escrevendo:* as práticas de escrita da Escola Itinerante do MST. Brasil, 2010. 168 f. Dissertação (Mestrado em Educação) – Programa de Pós-Graduação em Educação. Universidade Federal do Paraná, Paraná, PR, 2010, p. 119.

Como exemplos, a Carta de Pero Vaz de Caminha[6], o *Manifesto comunista* (1848)[7], a Carta da Terra[8], a Carta do Chefe Indígena (1854)[9] e a Carta dos Sem Terra. Escritas que se impuseram ao longo do tempo como documentos, evidências históricas, importância essa que nos assinala Thompson[10], quando descreve sobre passagens empíricas históricas. Aqui, vale destacar um trecho que abre a Carta do Chefe Indígena:

> Se todos os animais e árvores desaparecessem, o homem morreria de grande solidão de espírito, porque seja o que for que aconteça aos animais e plantas, acontecerá também ao homem. Todas as coisas estão ligadas. O que suceder à terra sucederá aos filhos da terra.

---

[6] A carta célebre foi escrita por Pero Vaz de Caminha, Porto Seguro, entre 26 de abril e 2 de maio de 1500. O escrivão só interrompeu seu trabalho no dia 29, quando ajudou o capitão-mor a reorganizar os suprimentos da frota.

[7] *O Manifesto comunista*, escrito por Karl Heinrich Marx (1818-1883) e Friedrich Engels (1820-1895). Disponível em: <http://www.ebooksbrasil.org/eLibris/manifestocomunista.html>. Acesso em 2 de julho de 2012.

[8] A Comissão Mundial sobre Meio Ambiente e Desenvolvimento das Nações Unidas (Comissão *Bundtland*) recomenda a criação de uma declaração universal sobre proteção ambiental e desenvolvimento sustentável, na forma de uma "nova carta", onde se estabelecerá os principais fundamentos do desenvolvimento sustentável.

[9] Carta do Chefe *Seatle* ou *Seathl* da Tribo *Suwmish*, ao Presidente dos Estados Unidos da América, em 1854.

[10] Thompson, E. P. *A miséria da teoria ou um planetário de erros.* Rio de Janeiro: Zahar, 1981.

Em todos os tempos, entre diferentes povos, culturas e classes sociais, escrever e receber cartas significou (e significa) um gesto amoroso e de gratidão entre as pessoas. Isto é, escrever cartas sempre foi uma forma de se comunicar. De um lado, as pessoas que escreviam e, de outro, as que as recebiam e as liam, após o tempo normal de sua espera. Eram cartas portadoras de notícias de pessoas que desejavam comunicar-se com outras que viviam a longas distâncias geográficas.[11] Ao receberem uma carta, vinda de um familiar ou de amigos, se tornou comum reunirem-se em família para lê-la, por mais de uma vez, buscando apreender a sua mensagem, muitas vezes mais profunda que as próprias palavras, porque pensada desde o outro lado por uma pessoa que desejava se comunicar e ser entendida. Estas cartas, geralmente escritas a punho e à tinta, com letra

[11] O romance O Carteiro e o Poeta – narra a inusitada amizade entre um carteiro e um poeta de renome internacional e ganhador do prêmio Nobel: Pablo Neruda. Pressionado pelo pai para conseguir um trabalho, Mario Jiménez, um jovem morador da pequena Ilha Negra no litoral do Chile, emprega-se como carteiro da agência de correios local. Seu único cliente é o famoso poeta chileno e, todos os dias, Mario leva cartas e mais cartas para Neruda. Foi também adaptado para o cinema em 1995, por Michael Radford, na Itália. O Carteiro e o Poeta. 17 jan 2007. *Blog Shvoong*. Disponível em: <http://pt.shvoong.com/books/478197-carteiro-poeta/ixzz1wISO52w7>. Acesso em 10 de abril de 2012.

compreensível, continham os traços da emoção e dos sentimentos que o escritor carregava no momento de sua redação. Para escrevê-las, dedicava-se um tempo, um cuidado com a escolha das palavras e com o tipo do papel e caneta. Somente após este processo, relida algumas vezes, a carta era selada, postada no correio e enviada ao destinatário. Quando recebidas, eram lidas por aquele membro da família que havia se alfabetizado e, por esta condição, sabia decifrar as letras. Em caso de uma família em que não havia esta pessoa, era comum solicitar a presença de um vizinho/a para sua leitura, enquanto a família ficava à escuta. As famílias moradoras no meio rural, por exemplo, procuravam de vez enquanto em uma "casa de comércio", situada em aglomerado de moradores próximos, a carta/correio tão esperada/aguardada. Após um tempo, quando as notícias/novidades se acumulavam: o nascimento de um filho, uma boa colheita, ou ainda, outro filho que saía de casa para prestar serviço militar, se fazia este mesmo movimento para respondê-la, mantendo-se o canal de comunicação entreaberto.

Na atualidade, a prática de escrever cartas, endereçá-las e postá-las no correio vem sendo deixada de lado por grande número de pessoas, rompendo-se a tradição e perdendo-se, com isto, um importante registro para a história. Isto se deve ao avanço e à rapidez da tecnologia computadorizada, a que parcela significativa da população tem acesso, mas que influencia também aquela outra parte da população, para quem a tecnologia ainda lhe é desconhecida e estranha. Sobre isto, não vamos discorrer aqui, pois não se constitui nosso foco principal, embora sua menção seja importante.

Neste contexto, a realidade acima nos remete ao filme *Central do Brasil*[12], cujo conteúdo e cenários escancararam a problemática do analfabetismo, vivida por milhares de homens e mulheres, brasileiros/as que, ainda hoje, são excluídos/as do direito de escrever *a sua palavra* e ler a realidade em seu entorno.[13] Uma realidade que persiste com o passar dos anos, embora já tenha havido, e continue havendo, várias tentativas/programas de alfabetização de jovens e adultos. Todavia, de antemão, já se sabe: programas

[12] Filme brasileiro *Central do Brasil* (1998) de Walter Salles. Drama/comédia dramática em que Fernanda Montenegro escreve cartas para alguns analfabetos, na estação do trem Central do Brasil, no Rio de Janeiro.

[13] No Brasil, 75% das pessoas entre 15 e 64 anos não conseguem ler, escrever e calcular plenamente. Esse número inclui os 68% considerados analfabetos funcionais e os 7% considerados analfabetos absolutos, sem qualquer habilidade de leitura ou escrita. Referência: Indicador de Analfabetismo Funcional (INAF).

temporários de governo não se constituem, por si, em políticas públicas permanentes.

Orientando o leitor e a leitora

Para atingir o propósito deste escrito, a princípio, trouxemos alguns *mestres da humanidade*, cujas memórias de seu tempo tornaram-se um testemunho em forma de *cartas*. Aqui, estes foram aproximados pelos desafios que confrontaram em suas vidas e pela forma como os enfrentaram. Os pensamentos que introduzem o leitor neste texto asseguram, em boa medida, este testemunho. Em seguida, apresentamos três obras de Paulo Freire, escritas em forma de cartas e, na tentativa de compreender a atualidade do pensamento pedagógico/crítico presente em seus últimos escritos, chegamos às cartas pedagógicas (CP), cujos conteúdos são reveladores da profunda humanidade deste educador.

Mesmo parecendo ousados, nos permitimos dizer a todos/as educadores/as populares que adotarem a prática de escrever CP como princípio: podem anunciar-se herdeiros/as de uma tradição que vem de longe, e que tende a se consolidar. Todavia, aos herdeiros de algum *bem material ou social*, cabe-lhes uma tarefa, uma responsabilidade, isto é, a tarefa de cuidar dele, continuá-lo e, acima de tudo, fazê-lo dar frutos. Deste modo, entendendo a importância de retomar este propósito e expandir esta tradição, anunciamos que cartas pedagógicas precisam ser escritas, bem como lidas e respondidas, pois, assim, compõe-se um círculo cultural que, além de promover comunicação, gera conhecimento e libertação.

Tendo presente a necessidade de qualificar o registro de experiências de educação popular em processo, a exemplo de outras cartas, apresentamos alguns passos para a redação de cartas pedagógicas, sem pretender engessar outras iniciativas viáveis. A intenção é buscar o melhor caminho, ou caminhos orientadores, que afirmam a construção e a redação de cartas pedagógicas, verdadeiramente pedagógicas.

Sendo assim, seguem algumas sugestões para o estudo sobre as cartas, que aproximam os seus autores/as pelas opções de vida. Dito isto, pensamos que o leitor e a leitora têm elementos e condições para embarcar nesta viagem, que começa no início da era cristã, perpassa pelos séculos XII, XVIII, XX e desemboca em nossos dias, em Freire, na Recid e em outras iniciativas.

Muito bem, camaradas! Imbuídos do espírito de Eduardo Galeano, que nos diz "a história é um profeta com o olhar voltado para trás: pelo que foi, contra o que foi, anuncia o que será", desejamos que todos/as façam uma boa viagem e tirem o melhor proveito dela. E, se possível, permitam-se sentir as emoções e perplexidades que os fragmentos das cartas selecionadas venham a provocar. Ao finalizar sua leitura, sintam-se à vontade e convidados a redigir uma carta a ser enviada para *alguém*, contando os aprendizados extraídos desta leitura, e que lhe fará muitíssimo bem se fizer o mesmo. Pois, muito diferente dos grandes mestres da humanidade, com os quais se encontrarão nesta leitura, podendo ouvir seus testemunhos de vida, nós, hoje, estamos livres do cárcere e do exílio. E, quiçá, das amarras do egoísmo e do individualismo que nos aprisionam e afastam de perspectivas coletivas, das lutas contra a ordem injusta do capital e pelas mudanças sociais. Sim, nós estamos livres, e vivos!

A MIM CABE FALAR DE MIM, DA MINHA ERA

À primeira vista, o título que abre este escrito pode nos surpreender, ou parecer fora de lugar. Entretanto, no decorrer da leitura, entenderemos seu sentido e a razão de ser trazido neste contexto. De todo modo, "falar de mim, da minha era", como dizia o poeta russo Vladimir Maiakovski, constitui-se num dever para aqueles que já o fizeram, e para nós que assumimos algum trabalho vinculado a um projeto social popular, pelo qual lutamos.

Deste modo, não nos parece justo nem elegante, iniciarmos um texto sobre cartas e cartas pedagógicas sem valorizar a contribuição ou o testemunho de pessoas que se destacaram neste campo: Paulo Apóstolo, Francisco de Assis, Antônio Gramsci, Francisco Julião, Rosa Luxemburgo, Che Guevara, Olga Benário, Dom Hélder Câmara, José Saramago, Frei Betto e Paulo Freire.

Essas escolhas se devem ao fato de terem sido pessoas profundamente conectadas com seu tempo, envolvidas em causas sociais justas, para o bem da humanidade, que nos dizem respeito até hoje. E, acima de tudo, por terem deixado um legado importante, registrado através de cartas, as quais, hoje, nos permitem sua leitura e conhecimento.

Todos estes homens e mulheres, mesmo vivendo em épocas muito distantes, tiveram em comum o hábito de escrever cartas. Nunca imaginaram que se tornariam testemunhas de uma vida dedicada à luta por um projeto de mundo mais humano, fraterno e solidário. Suas cartas expressam a sua forma peculiar de pensar, de projetar, de orientar, além da firmeza de seus sonhos. Vejamos isto na carta de Francisco Julião à filha.

> Escrevo-te na esperança de um dia ler-te de viva voz esta carta, assim que puderes discernir as coisas e entender o mundo, e também porque posso partir antes de alcançar esse dia. Quero que esta carta não encerre apenas um testemunho, ou um depoimento, mas seja uma definição que poderás, ou não, aceitar. Um caminho que poderás, ou não, seguir.[1]

São cartas, por assim dizer, portadoras da sua mais profunda humanidade. Possivelmente, *falar de si* e de *sua era,* com tudo o que sua opção de vida e o seu registro em carta tenham lhes custado de risco, foi a forma mais humana encontrada para suportar

[1] Julião, F. *Até quarta, Isabela* – carta-testamento (memórias, 1965). Petrópolis: Vozes, 1986, p. 14. Com edições no México e Portugal.

e aliviar a dor, o isolamento e o distanciamento das pessoas e da sua realidade concreta. Muitas destas cartas, se agrupadas por períodos históricos, constituiriam um valioso dossiê[2] a ser utilizado em cursos de formação, para melhor entender os contextos sociais de seus autores, bem como as características próprias das lutas que enfrentaram.

Apresentamos os escrevedores das cartas anunciados em ordem cronológica, buscando compreender os contextos sociais, políticos e religiosos que influenciaram sua opção de vida, sobretudo para enfrentar as contradições sociais próprias de seus tempos, seja vivendo exilados, no cárcere ou em outras situações impostas a eles. Em outras palavras, pessoas que viveram profundamente envolvidas nas teias e nos dilemas do seu tempo, como intelectuais, políticos ou religiosos, empenhados em lutar contra as injustiças e construir um mundo diferente, ao mesmo tempo. Ou, como diria Friedrich Nietzsche, *sujeitos sociais*, cuja capacidade humana os levou a compreender que "nunca é alto demais o preço a

---

[2] A palavra *dossiê* quer dizer uma coleção de documentos referentes a determinado assunto, pessoa ou processo, geralmente organizado quando se pretende fazer uma análise ou um balanço de uma trajetória. Ver mais: MST. *Dossiê - MST Escola* - Documentos e Estudos 1990-2001. Caderno de Educação n. 13 – edição especial, Veranópolis: Iterra, 2005.

se pagar pelo privilégio de ser dono de si mesmo". Que possamos tê-los como referência de lutadores e lutadoras do povo!

Cartas de Paulo Apóstolo e Francisco de Assis

Iniciamos com uma obra publicada há séculos e a mais lida pela humanidade – *a Bíblia Sagrada*. No Novo Testamento, São Paulo Apóstolo[3] aparece como autor de 13 cartas, escritas ao longo de uns vinte anos, para as primeiras comunidades cristãs dos anos 50-65 depois de Cristo: romanos, coríntios, filipenses, efésios, colossenses e outros. Naquela época, as cartas eram o único meio, ao seu alcance, para se comunicar com as novas comunidades. "Vede com que tamanho de letras vos escrevo, de próprio punho"[4]. Estas cartas escritas por ele, anunciando o Evangelho de Jesus Cristo, até hoje são lidas e reconhecidas como informações importantes em todo o mundo cristão. Portanto,

---

3 Cartas de Paulo: dentre as 13 cartas que se encontram na Bíblia atribuídas a ele (a Carta aos hebreus nem mais entra no corpo paulino), sete são reconhecidamente de Paulo (Rm. 1 e 2; Cor.; Gl,; Fl,; 1Tes e Fl. – três apresentam dificuldades de reconhecimento (Ef., Col. e 2 Tes.); três têm pouca chance de serem realmente de Paulo (1 e 2 Tm. e Tt).

4 Carta aos gálatas, capítulo 6, versículo 11.

estes relatos se configuram como fontes originais de uma realidade social, política, pedagógica e religiosa, que perpassa o seu tempo. Vê-se assim que, comunicar-se através de cartas, é uma tradição que acompanha gerações.

Nos séculos XII e XIII, encontramos Francisco de Assis (1182-1226), filho de pais pertencentes à burguesia de Assis, Itália. Ainda jovem, contestou a riqueza e a ostentação da família e foi viver com os leprosos[5], os mais excluídos e totalmente à deriva na vida social, obrigados a permanecer longe dos muros da cidade – de quem Francisco se tornou muito familiar e amigo. Fundador do movimento franciscano, o *poverello* de Assis levou centenas de jovens de sua idade e condição social a renunciar aos bens econômicos e a viver com os pobres. Francisco de Assis escreveu muitas cartas, das quais onze são conhecidas hoje, e que traduzem suas perspectivas e ideais de vida. Nelas, narrou sua conversão pessoal, sua opção de viver "sem nada de próprio", isto é, totalmente expropriado de bens materiais. Embora ainda se esteja pesquisando e analisando seu conteúdo, especialmente sob o ponto de vista

[5] Assim eram chamadas, naquela época, as pessoas portadoras da doença de hanseníase.

da contestação ao sistema social e político da época, sem dúvida alguma, ele deixou um importante legado nas cartas. Ele mesmo recomendava cuidado especial, conforme o texto que segue de sua primeira cartas aos custódios:

> A todos os irmãos custódios, aos quais chegar este escrito e que fizerem exemplares e o mantiverem consigo e fizerem cópia para os outros irmãos que têm o ofício da pregação e o cuidado dos irmãos e pregarem até o fim tudo o que está contido neste escrito, saibam que têm a bênção do Senhor Deus e minha".[6]

Entre tantas, de modo especial, uma carta dirigida aos governantes dos povos, chama nossa atenção, mais que pelo conteúdo, pelo modo como se dirige aos que ocupam postos de poder. A eles, Francisco exige que coloquem como prioridade os valores cristãos e não seus interesses pessoais. Esta carta serviu de inspiração para mais de mil franciscanos, que em 2008 também escreveram aos governantes a fim de que estes ouvissem o clamor da Mãe Terra, terrivelmente devastada, bem como a queixa de milhões de irmãos e irmãs, que têm sua vida ameaçada pela fome e doenças.

---

[6] Teixeira, C. M. (org.). *Fontes Franciscanas e Clarianas*. Petrópolis: Vozes, FFB, 2004, p. 110.

Cartas de Rosa Luxemburgo e Antônio Gramsci

Um pouco mais próximo ao nosso tempo, em meados do século XIX e XX, encontramos Rosa Luxemburgo e Antônio Gramsci. Dois importantes pensadores e políticos, cujos ideais de vida marcaram o seu tempo, especialmente pela luta em favor da vida e liberdade de seu povo, pela contestação às injustiças sociais e pela forma como se opuseram a elas. Ambos se destacaram pela capacidade de derrubar muros e construir pontes. Em momento algum traíram seu projeto, sendo fiéis até o fim, mesmo que isso tenha lhes custado a morte.

Rosa Luxemburgo (1871-1919) era judia, polonesa, jornalista, teórica marxista e líder revolucionária. Muito cedo aprendeu a falar fluentemente o alemão, o polonês e o russo e, mais tarde, o francês. Uma mulher corajosa, escritora e excelente oradora. Viveu e estudou na Alemanha, onde ingressou no Partido Social-Democrata. Mulher forte, cuja ideologia a fez perseverante até o último dia de sua vida, roubada a tiros pelos *freikorps*[7]. Suas *Cartas*

[7] A designação *Freikorps* "Corpos Livres" (milícia e futuro braço do nazismo) foi originalmente aplicada para os exércitos voluntários. Os primeiros *freikorps* foram recrutados no século XVIII, durante a guerra dos Sete Anos e, depois, nas Guerras Napoleônicas. Eram considerados como não confiáveis pelos exércitos regulares, assim,

da Prisão (1983), escritas e revistas com tempo e dedicação, expressam e asseguram que princípios e valores humanos não devem ser negociados por valor econômico algum, em nenhuma hipótese. Em 18 de novembro de 1918, com apenas 47 anos, poucos dias antes de sua execução, Rosa ainda encontrou força para escrever uma carta a um casal de amigos, Marie e Adolf Geck, que tinha acabado de perder o filho em um conflito. Em tom profético, Rosa escreve aos amigos,

> Meus queridos, não se deixem vencer pela dor, não deixem o sol, que sempre ilumina sua casa, desaparecer diante desse acontecimento desesperador. Todos nós estamos sob o domínio do destino cego, meu único consolo é o amargo pensamento de que também eu talvez seja em breve mandada para o além – talvez por uma bala da

---

eles foram principalmente usados como sentinelas ou em tarefas menores. Depois de 1918, o termo foi usado pelas organizações paramilitares, que se espalharam pela Alemanha, à medida que os soldados retornavam da derrota na I Guerra Mundial. Alguns decepcionados pela repentina, aparentemente inexplicável derrota da Alemanha naquela guerra, alistaram-se numa tentativa de derrotar os levantes comunistas ou obter alguma forma de vingança. Eles receberam considerável apoio do então ministro alemão da Defesa, que usou de muita violência para derrotar a Liga Espartaquista, incluindo os assassinatos de Rosa Luxemburgo, em 15 de janeiro de 1919. *Freikorps*. A designação de *Freikorps*. Disponível em: <http://artigos.tutorialonline.pro.br/ portal/linguagem-pt/Freikorps>. Acesso em 21 de abril de 2012.

> contrarrevolução que espreita de todos os lados. Mas, enquanto viver, continuo ligada a vocês pelo mais caloroso, fiel e profundo amor, e quero compartilhar com vocês todos os sofrimentos, todas as dores.[8]

Antônio Gramsci (1891-1937) era italiano, filósofo, político, cientista político, comunista e antifascista. Seus muitos anos de prisão em diferentes cárceres, entre 1926 e 1937, lhes possibilitaram escrever 478 cartas, que compõem um interessante "romance de formação". De cunho social e político, estas extraordinárias cartas guardam memórias inéditas de um homem profundamente inconformado com as questões sociais de seu tempo, inclusive a educação. Suas cartas também denunciavam as condições desumanas do cárcere. Foi a forma de ocupar seu tempo: lendo, escrevendo, projetando um outro mundo possível. São cartas que falam do sonho de se ver livre e de como deveria ser a instituição escola de seus filhos e das crianças italianas, dentro do projeto social que o fazia lutar, mesmo vivendo em condições desumanas, privado de liberdade física.

---

8 Carta disponível em: <http://www.comunistas.spruz.com/blog.htm?b=&tagged=Rosa+Luxemburgo>. Acesso em 17 de junho de 2012.

> 10 de maio de 1928
> Caríssima mamãe,
> Não quero repetir o que já te escrevi tantas vezes para sossegar-te quanto às minhas condições físicas e morais. Eu queria, para ficar tranquilo de fato, que tu não te amedrontasses nem te perturbasses demais, seja qual for a pena que me derem. Que tu compreendesses bem, e também com o sentimento, que eu sou um preso político e serei um condenado político, que não tenho e não terei nunca de envergonhar-me desta situação. Que, no fundo, a detenção e a condenação eu mesmo as quis, de certo modo, porque não quis jamais mudar as minhas opiniões, pelas quais estaria disposto a dar vida e não só ficar na cadeia (carta de Gramsci a sua mãe).[9]

Aqui, cabe-nos uma reflexão: ninguém pode prender um sonho e nem impedir alguém de sonhar; ninguém pode matar a esperança de um povo sofrido a lutar.

Cartas de Olga Benário, Francisco Julião e Che Guevara

Ainda neste período histórico, também encontramos Olga Benário – companheira de Luiz Carlos Prestes –, Francisco Julião e Che Guevara. Uma mulher alemã e dois homens: um brasileiro

[9] Disponível em: <http://almanaque.folha.uol.com.br/bosi2.htm>. Acesso em 17 de junho de 2012.

e outro cubano-argentino, que dedicaram parte de suas vidas escrevendo cartas e, por este gesto, guardaram uma extraordinária memória do seu tempo histórico.

São cartas que pronunciam seus aprendizados enquanto lutadores/as e seus esforços para não perderem a dignidade e cujo exemplo de vida e coragem de lutar é luz que ilumina, fortalece as organizações populares e orgulha a todos/as que lutam pelo bem comum.

Olga Benário (1908-1942)[10] nasceu em Munique, na Alemanha. Aos 15 anos tornou-se militante comunista e partiu para a luta, vindo também ao Brasil. Aqui, se tornou companheira de Luiz Carlos Prestes, líder do Partido Comunista Brasileiro. O casal foi detido pela polícia de Getúlio Vargas, em março de 1936, no Estado do Rio de Janeiro. Prestes ficou preso no Brasil por nove anos, praticamente incomunicável. Olga teve um destino pior porque, em seguida, foi deportada para o campo de concentração de Berlin, na Alemanha nazista. Na condição de prisioneira e sob muitas torturas, Olga deu a luz à filha Anita

---

[10] Ver mais sobre Olga Benário, no livro: Moraes, Fernando. *Olga*. São Paulo: Ômega, 1985. Esta obra foi relançada em 1994, pela Companhia das Letras e, em 2005, foi adaptada para o cinema pelo cineasta Jayme Monjardim, com o mesmo título.

Leocádia Prestes. As circunstâncias sociais e políticas que se impuseram sobre eles, obrigando-os a viverem geograficamente separados, provocaram a escrita de inúmeras cartas, relíquias inéditas de um tempo e de uma realidade que chegou até nós. Eis algumas frases de uma sua carta:

> Meu querido, quero falar-te da pequenina (...). Gostaria que tu visses como sua carinha se ilumina quando a gente se aproxima dela. O mais alegre são os seus olhos azuis, tão brilhantes e tão claros, e verdadeiramente "pícaros", como sempre chamava os meus (...). Agora estamos na primavera em Berlin. A primeira após tanto tempo! Somente eu a percebo muito pouco. Passeamos todos os dias uma meia hora no pátio da prisão. No pátio há uma árvore e lá no alto uma família de passarinhos. Eu os olho e, então, penso sempre em nós. Por que os homens chegam a separar assim uma família como o fizeram conosco? (Olga Benário, maio de 1937).

O que ficou em sua última carta escrita ao marido, Luiz Carlos Prestes, e à filha, Anita Leocádia Prestes, no campo de concentração de *Ravensbrück*, antes de ser conduzida à morte em uma câmara de gás, em abril de 1942, expressa que Olga era uma mulher de profunda generosidade, paciente, de caráter forte e de profundas convicções políticas.

> Lutei pelo justo, pelo bom e pelo melhor do mundo. Prometo-te agora, ao despedir-me, que até o último ins-

> tante não terão porque se envergonhar de mim. Quero que me entendam bem: preparar-me para a morte não significa que me renda, mas sim saber fazer-lhe frente quando ela chegue. (...) Até o último momento manter-me-ei firme e com vontade de viver.[11]

Neste sentido, a filha Leocádia Prestes confirma o caráter de sua mãe e de seu pai no texto: *A felicidade consiste na consciência do dever cumprido:*

> Em suas cartas enviadas do cárcere, meu pai revela a preocupação de que eu soubesse de que ele nem Olga se sentiam infelizes com a sorte que o destino lhes reservara. Ao contrário, apesar dos sofrimentos, apesar da imensa tristeza de se encontrarem separados um do outro, longe da filha e dos que mais amavam, consideravam-se felizes por terem consciência do dever cumprido. E nisso, para eles, consistia a mais completa felicidade.[12]

Poderíamos dizer que estas cartas guardam memórias de um tempo de vida e de uma experiência humana sem igual. Se respeitada a história, em sã consciência, este é um trecho da história brasileira que sujeito algum poderá apagar. Lendo parte destas

---

11 Disponível em: <http://ousarlutar.blogspot.com.br/2011/05/carta-de--despedida-de-olgabenario.html?utm_source =feedburner&utm_medium=feed&utm_campaign=Feed:+blogspot/vhpL+(Ousar+Lutar!!!+Ousar+Vencer!!!)>. Acesso em 17 de junho de 2012.

12 Prestes, A. *Olga Benário Prestes e Luiz Carlos Prestes*, meus pais. Disponível em: <http://www.ufsm.br/ roth/textoanita1.htm>. Acesso em 10 de março de 2012.

cartas, entendemos Eduardo Galeano, quando mencionou "a memória guardará o que valer a pena. A memória sabe de mim mais que eu, e ela não perde o que merece ser salvo".

Francisco Julião (1915-1999)[13], pernambucano, advogado, marxista, político e escritor brasileiro, preso político em 3 de junho de 1964, foi líder das Ligas Camponesas do Nordeste. Tinha mais sede de escrever que de tomar água. Em sua mais importante obra, em forma de carta, *Até quarta, Isabela* – nome de sua filha – o lutador nos conta como pôde escrever esta carta, para que não viesse a perder sua experiência do cárcere. Destacamos alguns trechos, embora sua leitura, na íntegra, seja recomendada para todos/as.

> Isabela, esta é uma carta de amor, somente de amor, que te escrevo do cárcere, na esperança de que um dia, daqui a dez anos, já possas lê-la e entendê-la no seu conjunto e em cada uma de suas partes. É uma carta longa como nenhum pai escreveu jamais a uma filha que tem, como tu, dois meses de idade [...] Nela não encontrarás uma só gota de ódio ou de amargura. Quero repetir com ênfase, dizer bem alto, desse amor todo feito de oferta e renúncia, de dádiva e humildade. Ao escrevê-la, penso em ti como mais uma fonte que se veio juntar à imensa

[13] Julião, F. *Até quarta, Isabela* – carta testamento (memórias, 1965). Petrópolis: Vozes, 1986, p. 13-14.

caudal – a humanidade – mas, penso também nela, de que és, agora, parte integrante (...).

Contemporâneo de Julião, Olga e Prestes encontramos Ernesto Che Guevara (1928-1967). Argentino/cubano, político e médico. Mesmo parecendo duro na defesa incondicional da luta pela liberdade do povo cubano, suas cartas, endereçadas a seus filhos, a Fidel Castro, a sua filha mais nova e a seus pais, traduzem o que há de mais humano em Che. São cartas, cujos conteúdos, revelam a leveza de sua alma: "é preciso ser duro, sem perder a ternura, jamais...".

> Amei-os muito, só que não soube mostrar o meu amor. Sou extremamente rígido em meus atos e creio que houve ocasiões em que vocês não me entenderam. Por outro lado, não era fácil entender-me (...) Agora, a força de vontade que aprimorei com o deleite de um artista levará para diante minhas pernas fracas e meus pulmões cansados. Vou conseguir (carta de Che aos pais).[14]

Há quem diga, e lendo suas cartas concordamos, dada sua obra revolucionária, especialmente pelo valor incondicional dedicado ao trabalho voluntário em favor da humanidade, que Che foi exaltado

---

[14] Preparação dos Encontros Estaduais e 9º Encontro Nacional do MST. *Caderno de Formação* n. 25. São Paulo: MST, outubro de 1997.

como "o mais completo ser humano da nossa época". Suas cartas expressam apenas um pouco desta humanidade.

Cartas de Dom Hélder e José Saramago

De igual modo e importância temos, ainda, Dom Hélder Câmara e José Saramago.[15] Dois grandes homens, cujas histórias de vida foram registradas cuidadosamente em inúmeras cartas, consideradas relíquias inéditas, memórias de alcance social. Embora seus legados mereçam, de nossa parte, atenciosa leitura e reflexão, deixaremos para o leitor e leitora o trabalho de buscá-los, pois são tantos e tão importantes que não cabem neste texto. Principalmente porque qualquer comentário nosso poderia desmerecer o teor de suas obras/cartas, cuja forma e conteúdo falam por si; são autoexplicativas.

---

[15] O fato de apresentarmos Dom Hélder e Saramago juntos não significa esquecer, ao contrário, é para lembrar que Saramago, através de seus escritos, tem gerado polêmicas na própria Igreja, especialmente através das obras: *Memorial do convento* (1982), *O evangelho segundo Jesus Cristo* (1992), *Ensaio sobre a cegueira* (1995) e, seu último romance *Caim* (2009). Portanto, ao lermos suas cartas e obras, é bom levar em conta o contexto social e político que o formou para esta visão da realidade, expressa em suas obras com profunda honestidade intelectual. Diga-se de passagem, uma visão da realidade, distinta do mundo de "Dom", como era chamado Hélder Câmara entre o povo nordestino.

Sua leitura trará, sem dúvida, uma ou várias lições de vida.

Dom Hélder Pessoa Câmara (1909-1999), brasileiro, cearense, arcebispo emérito de Olinda e Recife. Levou uma vida dedicada à pregação de uma Igreja simples, voltada para os pobres e à não violência. De modo especial, no período que compreende o Concílio Vaticano II (1962 a 1965), sua escrita foi tão numerosa, que se estima uma publicação de, aproximadamente, sete volumes ao todo. Inúmeras destas escritas, em torno de 600 cartas/circulares, já se encontram publicadas em uma coletânea denominada *Circulares Conciliares*[16]. Defensor dos direitos humanos, "Dom" tinha como hábito escrever cartas durante a noite, momento de silêncio em que mais se inspirava à reflexão. E todo o material produzido – carta por carta – era rigorosamente numerado e datado, facilitando a compreensão no presente do contexto histórico em que o escrevia. Suas obras eram cheias de detalhes, sensibilidade e ensinamentos; portadoras de boa dose de esperança e crença no ser humano. Vale a pena lermos algumas destas cartas.

---

16 Câmara, Dom H. *Circulares Pós-Conciliares.* Pernambuco: Companhia Editora de Pernambuco (CEPE), v. 3, 2012.

José Saramago (1922-2010), escritor português, argumentista, teatrólogo, ensaísta, jornalista, dramaturgo, contista, romancista e poeta. Foi galardoado com o prêmio Nobel da Literatura em 1998. Também ganhou, em 1995, o Prêmio Camões, o mais importante prêmio literário da língua portuguesa. Seu livro *Ensaio Sobre a Cegueira*, adaptado para o cinema (2008), foi produzido no Japão, Brasil, Uruguai e Canadá, tendo como diretor Fernando Meirelles (realizador do filme *O Jardineiro Fiel* e *Cidade de Deus*). Saramago, como era conhecido, nos deixou, entre outras, sua última carta escrita e utilizada no comovente discurso, ao receber o Prêmio Nobel de Literatura, em uma sexta-feira, 24 de setembro de 2010, mesmo que a tivesse escrito em data anterior. Pela riqueza e beleza dos detalhes e singularidades, justifica-se apresentá-la na íntegra, sem lhe retirar nenhuma palavra. Segue:

> Sábado, 15 de novembro de 2008.
> Carta para Josefina, minha avó
> Tens noventa anos. És velha, dolorida. Dizes-me que foste a mais bela rapariga do teu tempo – e eu acredito. Não sabes ler. Tens as mãos grossas e deformadas, os pés encortiçados. Carregaste à cabeça toneladas de restolho e lenha, albufeiras de água. Viste nascer o sol todos os dias. De todo o pão que amassaste se faria um banquete universal. Criaste pessoas e gado, meteste os bácoros na tua

própria cama quando o frio ameaçava gelá-los. Contaste-me histórias de aparições e lobisomens, velhas questões de família, um crime de morte. Trave da tua casa, lume da tua lareira – sete vezes engravidaste, sete vezes deste à luz. Não sabes nada do mundo. Não entendes de política, nem de economia, nem de literatura, nem de filosofia, nem de religião. Herdaste umas centenas de palavras práticas, um vocabulário elementar. Com isto viveste e vais vivendo. És sensível às catástrofes e também aos casos de rua, aos casamentos de princesas e ao roubo dos coelhos da vizinha. Tens grandes ódios por motivos de que já perdeste a lembrança, grandes dedicações que assentam em coisa nenhuma. Vives. Para ti, a palavra Vietnã é apenas um som bárbaro que não condiz com o teu círculo de légua e meia de raio. Da fome sabes alguma coisa: já viste uma bandeira negra içada na torre da igreja. (Contaste-me tu, ou terei sonhado que o contavas?) Transportas contigo o teu pequeno casulo de interesses. E, no entanto, tens os olhos claros e és alegre. O teu riso é como um foguete de cores. Como tu, não vi rir ninguém. Estou diante de ti, e não entendo. Sou da tua carne e do teu sangue, mas não entendo. Vieste a este mundo e não curaste de saber o que é o mundo. Chegas ao fim da vida, e o mundo ainda é, para ti, o que era quando nasceste: uma interrogação, um mistério inacessível, uma coisa que não faz parte da tua herança: quinhentas palavras, um quintal a que em cinco minutos se dá a volta, uma casa de telha-vã e chão de barro. Aperto a tua mão calosa, passo a minha mão pela tua face enrijada e pelos teus cabelos brancos, partidos pelo peso dos carregos – e continuo a não entender. Foste bela, dizes, e bem vejo que és inteligente. Por que foi então que te roubaram o mundo? Mas disto talvez entenda eu, e dir-te-ia o como, o porquê e o quando se soubesse escolher das minhas inumeráveis palavras as que tu pudesses compreender. Já não vale a pena. O mundo continuará sem ti – e sem mim. Não teremos dito um ao outro o que mais importava. Não teremos realmente? Eu não te terei dado, porque as minhas palavras não são as tuas, o mundo que te era devido. Fico com esta culpa de que me não acusas – e isso ainda é pior. Mas por que, avó, por que te sentas tu na soleira da tua porta, aberta para a noite estrelada e imensa, para o céu de que nada sabes e por onde nunca viajarás, para o silêncio dos campos e das árvores assombradas, e dizes, com a tranquila serenidade dos teus noventa anos e o fogo da tua adolescência nunca perdida: "O mundo é tão bonito, e eu tenho tanta pena de morrer!"

É isto que eu não entendo – mas a culpa não é tua.[17]

Cartas de Frei Betto

Aproximando-nos de nossos dias, encontramos Frei Betto, principal inspirador da Rede de Educação Cidadã e amigo de Paulo Freire, com quem trocava muitas ideias e de quem pôde, também, se despedir na manhã do dia 2 de maio de 1997.

Paulo deveria estar em Cuba, onde receberia o título de Doutor *Honoris Causa*, da Universidade de Havana.

---

[17] Saramago, J. Carta para Josefina, minha avó. *Blog prêmio prosa poética*. 29 ago 2011. Disponível em: <http://premios-prosa-poetica.blogs.sapo.pt/27231.html>. Acesso em 1 de junho de 2012.

> Ao sentir dolorido seu coração que tanto amou, pediu que eu fosse representá-lo. De passagem marcada para Israel, não me foi possível atendê-lo. Contudo, antes de embarcar fui rezar com Nita, sua mulher, e os filhos, em torno de seu semblante tranquilo: Paulo via Deus (Frei Betto, p. 51, 2001).[18]

Quem não conhece Frei Betto pessoalmente, ou já o ouviu falar, ou alguém falar dele? Entre nós, quem já leu algum de seus muitos livros?

Frei Betto, como se tornou conhecido entre o povo, é brasileiro (mineiro), escritor e assessor de movimentos sociais. Estudou jornalismo, antropologia, filosofia e teologia. É frade dominicano por vocação e opção de vida. Passou quatro anos na prisão, período em que aproveitou para ler, escrever e confortar os amigos com os quais compartilhava o sonho de ser livre, embora para ele "a perda da liberdade física não acarreta necessariamente a perda da dignidade". Por isso não se dobrou frente às injustiças dentro da cadeia. Com os colegas presos, também partilhava os alimentos, recebidos generosamente da família e de amigos, pois, naquele ambiente carcerário, todos viviam tão perto e, ao mesmo tempo, tão longe do mundo que os cercavam. Frei Betto olhava o

---

[18] MST. *Paulo Freire um educador do povo.* São Paulo: Editora Peres, 2ª ed. 2001.

mundo pela janela de seu beliche, entretanto, era impedido pela lei das grades da prisão, de circular pela rua que via.

Autor de mais de 50 livros de diversos gêneros literários, muitos dos quais foram publicados no exterior, sem dúvida, um dos mais importantes e mais lidos é o *Cartas da Prisão* (2008), que reúne um conjunto de cartas escritas no período do cárcere, entre 1969-1973[19]. Como ele mesmo diz,

> (...) este livro é um documento histórico. Retrata as duras provações a que foram submetidos os presos políticos, bem como as lutas de resistência travadas dentro da prisão. Sob a ditadura, muitas cartas foram lidas e destruídas. Felizmente, recuperei a maioria, sobretudo as remetidas à família, a amigos/as e a religiosos/as (Frei Betto, p. 12, 2008).

Trazer as cartas da prisão de Frei Betto para este escrito, tem sentido maior neste momento da história de nosso país, em que se constituiu a "Comissão Nacional da Verdade". Portanto, ler as cartas de uma pessoa bem conhecida, memória viva entre nós, testemunha fiel e sem rancores do que escreveu sobre sua experiência no cárcere, se torna um privilégio

---

[19] Algumas destas cartas foram editadas em dois livros, com títulos diferentes, primeiro em italiano e, logo após, traduzidas em francês, espanhol, sueco, holandês, alemão e inglês.

para as gerações atuais. O registro histórico, guardado nestas cartas, tem valor imensurável aos olhos humanos. A fé profunda e a esperança de Frei Betto na humanidade justificam toda a autenticidade, beleza e leveza de seus escritos, fontes originais. Por isso tudo, deixaremos os comentários para os leitores.

Para termos alguma ideia sobre as convicções políticas que alimentaram a mística e a militância desse frade dominicano durante sua experiência no cárcere, e até hoje, trouxemos pequenos trechos de cartas que mereceram destaque. Especialmente porque confirmam a força e a coragem de Betto, que continua a inspirar nossas lutas contra as injustiças sociais. No entanto, entendemos que estes depoimentos/testemunhos, registrados em suas cartas, apenas são a porta de entrada, um desafio para que cada leitor e leitora busque conhecer e saber mais sobre seu aprendizado naquele período. Dadas as inúmeras cartas, que tratam diferentes conteúdos e são dirigidas a diferentes destinatários, nossa opção foi tomar pelo menos uma carta de cada ano.

> Meu caro Nando,
> Há tempos penso em escrever. Minha intenção é tranquilizá-lo quanto os fatos decorridos de minha prisão. Sei que, fora, as pessoas imaginam o pior; temos gravada na mente a imagem do cárcere como lugar deprimível, onde

são guardados ladrões e assassinos. Não lhe escrevi antes porque fiquei incomunicável de 9 de novembro – ao ser preso às 7h30 na Avenida Independência, em Porto Alegre – ao último dia 12, em que se decretou minha prisão preventiva (carta ao irmão Fernando – 30/12/1969, p. 14).

Querida Aída
A prisão não proporciona muitas alegrias, até ao contrário, mas permite grandes descobertas. Esse período é tão importante para mim quanto o ano de 1965, quando fiz o noviciado. Em 1965 descobri a dimensão da fé; agora sei como vivê-la. Pode ser que não consiga levar muito adiante essa descoberta. Mas não terei mais a consciência tranquila de um cristão dominical, acostumado à espiritualidade do mínimo. Entre grades encara-se a liberdade humana na sua radicalidade. Impossível ser livre por mero acaso, muitas vezes aprisionado por limitações supérfluas que a vida impõe (carta a sua amiga Aída Tavares Paes – 31/1/1970, p. 19).

Querida Valéria,
Espero que esta carta chegue às suas mãos. A última, a censura reteve porque escrevi que enquanto o motivo pelo qual estou preso continuar existindo aí fora, não importa que eu esteja aqui. Referia-me à ânsia de liberdade que envolve a nação. Eles temem as consequências dessa ânsia.... (carta a Maria Valéria V. Rezende, religiosa Cônega de Santo Agostinho – 31/1/1971, p. 85).

Queridos pais e manos,
Recebi uma, duas, três cartas de vocês. Acabo de receber a terceira, cheia de palavras animadoras. Isso me

tranquiliza, saber que compreendem o alcance do nosso gesto. Não reparem a letra, é sempre ruim, e hoje vai pior: escrevo na cama, ando fraco, completamos duas semanas sem comer, pois retomamos a greve de fome ao sermos transferidos para cá (carta aos pais e manos – 22/6/1972, p. 142).

Caros amigos Carlos e Claudio,
Desde que chegamos aqui procuramos ajudar os presos comuns a emergirem da ignorância. Muitos tinham chegado ao ponto de trocar a memória pela imaginação. Sem quase nenhum contato com o mundo exterior, permaneciam alheios aos acontecimentos, parados no tempo e no espaço. Dentro da cadeia forjavam um estranho mundo carregado de tensões, e as mesmas conversas repetiam-se indefinidamente (carta de 30/11/1972, p. 200).

Frei João,
Não é fácil se fazer entender por carta. Às vezes as palavras brotam com facilidade, formam uma rampa lisa e escorregadia que nos conduz rapidamente ao fundo de nossas ideias e sentimentos. Por outras, saem duras e quadradas, como blocos de pedra que servem de degraus a uma longa escada pela qual é cansativo descer. Contigo faço questão de jamais ficar à superfície (carta a Frei João – 21/3/1973, p. 219).

Tendo presente o propósito deste escrito e a quem ele se destina, é oportuno trazermos, também, um pequeno trecho de uma carta escrita por Frei Betto à mãe de Luiz Inácio Lula da Silva, no ano de 2003, quando os brasileiros e as brasileiras o elegeram presidente da Nação. Aqui, mais uma vez, vemos expressa a humanidade e sensibilidade daquele que inspirou e fez germinar a Recid.

> Querida Dona Lindu,
> Seu filho Lula toma posse, dia 1º de janeiro de 2003, como presidente do Brasil. Eu me lembro da senhora, na casinha em que morava em São Bernardo do Campo. Fiz o seu enterro em 1980. Seu filho compareceu algemado, cercado de policiais do Dops, preso pela ditadura militar por liderar as greves do ABC. Temi pelo pior quando vi os metalúrgicos discutindo se convinha resgatá-lo das mãos da polícia. Dona Lindu, a senhora era analfabeta, pobre, retirante e de uma dignidade reverencial. Seu marido largou-a em Garanhuns e veio para São Paulo procurar trabalho. Mais tarde, a senhora juntou os sete filhos e, num pau-de-arara, seguiu o mesmo caminho atrás dele. Lula tinha 7 anos.[20]

O que acabamos de ler confirma, mais uma vez, a importância do registro e da reflexão de vivências, especialmente aquelas que poderão se tornar documentos e memórias a serem acessados pelas gerações jovens.

---

[20] Disponível em: <http://www.faced.ufba.br/~menandro/por_email/carta_de_frei_betto.htm>. Acesso em 28 de abril de 2012.

A carta entre os Sem Terra

Vemos também que a prática de escrever cartas tem ocupado espaço e força, cultivada entre os Sem Terra, no decorrer de seus 28 anos de história. Ainda na pré-história do MST, encontramos a *primeira carta (*15/5/1981), elaborada coletivamente, pelos colonos acampados em Ronda Alta/RS. O conteúdo desta carta/manifesto denuncia o descaso do governo para com os colonos.

> Nós somos mais de 500 famílias de agricultores que vivíamos nesta região (Alto Uruguai), como pequenos arrendatários, posseiros da área indígenas, peões, meeiros, agregados, parceiros etc. Deste jeito já não conseguíamos mais viver, pois traz muita insegurança e muitas vezes não se tem o que comer. Na cidade não queremos ir, porque não sabemos trabalhar lá. Nos criamos no trabalho da lavoura e, é isso que sabemos fazer.[21]

Mais recentemente, na escola itinerante do MST, cuja experiência pedagógica se constrói na itinerância da luta pela terra, as cartas tomaram sentido pedagógico e político: lá onde a escola se encontra em meio às contradições sociais, seja numa marcha, seja numa ocupação, seja no local do acampamento. Temos lido essas cartas, escritas pelas crianças e adolescentes desta

---

[21] Para ver mais: Méliga, L. D.; Janson, M. do C. *Encruzilhada Natalino.* Porto Alegre: Vozes, 1982, p. 109.

escola, para um "companheiro preso" no Estado do Paraná, para o presidente do Incra, para o Presidente Lula, para o Procurador do Ministério Público, entre outros. Em sua maioria, são cartas construídas coletivamente, pensadas, relidas e estudadas pelos educandos/as da escola itinerante, antes de serem endereçadas e enviadas aos destinatários. Vejamos dois exemplos que traduzem a coragem e o exemplo de quem escreve a sua realidade, chamando-nos atenção para o dever do registro.

> Reunidos por grupos, sob a sombra de árvores, os educandos/as, individualmente, escreveram cartas ao Procurador Gilson Medeiros. Em seguida, um pequeno grupo fez uma síntese das principais ideias, construindo um documento/carta, entregue pelas mãos das crianças àquela autoridade.[22]
>
> Nós somos sem-terrinha do MST, lutamos para conquistar um pedaço de terra. Lutamos para derrubar o latifúndio que existe no Rio Grande do Sul. Por exemplo, a Fazenda Guerra tem nove mil hectares de terra e gera apenas dois empregos fixos por ano. Nós queremos continuar as marchas com a escola junto... Tio Gilson, você acha justo que fiquemos mais um ano debaixo da lona preta e que nós não estudemos como as crianças das outras escolas?[23]

---

[22] Camini, I. *Escola itinerante* – na fronteira de uma nova escola. 1ª reimpressão. São Paulo: Expressão Popular, 2011, p. 207.

[23] *Ibid.*, p. 207.

Deste modo, acreditamos ter persuadido, pelo menos um pouco, a quem vir a ler estes escritos, que muitas cartas e cartas pedagógicas precisam ser escritas e respondidas.

Feita esta viagem pelo tempo, em diálogo com os lutadores/as, mestres da humanidade, confirmado, também, pelas cartas de Frei Betto, pelas cartas redigidas pelos sem terra e, acima de tudo, pela carta de Saramago, que tivemos o privilégio de ler, cabe-nos deixar algumas questões que orientam a reflexão.

- O que eles/elas têm a nos dizer de sua experiência, de suas lutas?
- Por que os escolhemos, entre tantos outros?
- Qual é a mística que alimentou a vida e o projeto destes homens e mulheres?
- O que nós educadores/as temos a dizer a eles/elas?

PAULO FREIRE: *MUITAS* CARTAS EM *TRÊS* OBRAS

Compenetrados, ainda, nas últimas palavras oportunas de Saramago, de Frei Betto e dos Sem Terra, avancemos um pouco no tempo histórico, chegando ao final do século XX próximos a uma pessoa bastante conhecida, para alguns pessoalmente, para outros, pelo nome e pelas suas obras. Paulo Freire (1921-1997)[1] brasileiro, pernambucano, verdadeiro pedagogo popular que uniu, durante sua vida inteira, a teoria e a prática, o ensino e o aprendizado, o discurso e o exemplo. Autor de inúmeras obras, com destaque à *Pedagogia do Oprimido*, seu livro clássico, editado no Brasil e fora dele, por mais de 50 vezes. Freire foi preso, acusado de comunista pelo governo militar. Por pensar criticamente o seu tempo e por reconhecer no oprimido um educador de si mesmo, foi detido

[1] O Estado brasileiro, formalmente/oficialmente, através da lei n. 12.612, de 13 de abril de 2012, firmada pela presidenta Dilma Rousseff e pelo Ministro da Educação Aloizio Mercadante, torna o mestre Paulo Freire "Patrono da Educação no Brasil", ou seja, o protetor da ferramenta responsável pela formação da sociedade brasileira.

por setenta dias e, depois, exilado do Brasil por um período de 16 anos. Inspirado, certamente pelos mestres citados acima, escreveu três importantes obras, "ensaios em forma de cartas"; a primeira, *Cartas à Guiné-Bissau* (1978); a segunda, *Cartas a Cristina* (1994) e, a terceira, *Professora Sim, tia não: cartas a quem ousa ensinar* (2002). Através destas, de forma coloquial, estabelece um profundo diálogo com o leitor/a e com sua própria prática. Sem dúvida, suas cartas, compiladas nestes livros, ressignificam a importância da comunicação, de maneira especial, nesses tempos de comunicação rápida e superficial. Embora haja um contingente de pessoas, principalmente no campo ou na periferia das grandes cidades, ainda sem acesso a computadores com internet, sem condição de vir a acessar este meio de comunicação em curto prazo.

As duas primeiras obras, redigidas em dois contextos distintos e em diferentes condições, foram dirigidas intencionalmente a dois leitores: o povo de Guiné-Bissau e Cristina. Todavia, nenhuma destas obras ficou aprisionada e represada somente a estes leitores. Em seguida, se tornaram públicas e divulgadas a milhares de pessoas, que puderam acessá-las e, até hoje, as continuam acessando. Aqui, um trecho de uma das cartas, sem a pretensão de ser o único válido de leitura, ou o mais importante. Há muitos outros.

> Antes mesmo que nos chegue sua resposta à carta que lhe fizemos, assinada por toda a equipe, e em que, ao comunicar-lhe a obtenção do financiamento que viabiliza o nosso trabalho comum na Guiné-Bissau, lhe propúnhamos o próximo mês de fevereiro para a nossa primeira visita no ano de 1976, escrevo-lhe de novo. Agora, para dar-lhe algumas notícias em torno do que estamos fazendo em Genebra, tendo em vista o nosso trabalho comum em Guiné (Genebra, 26.11.1975).[2]

Sem pressa, com paciência e postura humilde, Paulo Freire se dedica a narrar em carta sua experiência de educação popular, vivida junto com os camponeses do continente africano, na década de 1970. Estes escritos registram reuniões, reflexões, orientações e faz combinações para futuros encontros. Vejamos esta introdução:

> Esta introdução pretende ser, sobretudo, uma carta-relatório que faço aos prováveis leitoras e leitores deste livro, tão informal quanto as que o compõem. Nela, como se estivesse conversando, tentarei, tanto quanto possível, ir fixando este ou aquele aspecto que me tem marcado em minhas visitas de trabalho à Guiné-Bissau.[3]

---

2 Freire, P. *Cartas à Guiné-Bissau* – registro de uma experiência em processo. Rio de Janeiro: Paz e Terra, 1978, p. 13.

3 *Ibid.*, p. 13.

Diferente das obras destinadas a pessoas nomeadas e concretas, a terceira obra em forma de carta, Paulo Freire a destina às pessoas que ousam ensinar, especialmente aos educadores/as da educação básica, dada a feminização desse grau de ensino, expressa no próprio título da obra. Nela, dialoga sobre questões da construção de uma escola democrática e popular, convocando os educadores ao engajamento nesta mesma luta. Questiona, sobretudo, e discorda de que a professora seja chamada de "tia", e não de professora nas escolas. O papel social da professora/educadora envolve profissão, militância, especificidade no seu cumprimento, enquanto ser *tia* é viver uma relação de parentesco.[4]

Em suas cartas, vale sublinhar e destacar a forma respeitosa e amorosa como Paulo Freire abria a comunicação com seu leitor: "prezado/a camarada", "camarada Mário Cabral"... e de como as concluía: "um forte abraço do amigo", "aguardando notícias", "aqui vai um abraço fraterno", "fraternalmente, Paulo". O uso destas expressões, "fraternalmente" e "camaradas" são fortes indícios de que Paulo, que lia

---

4 Freire, P. *Professora sim, tia não:* cartas a quem ousa ensinar. 12. Ed. São Paulo: Olho D'Água, 2002. A obra se encontra em sua 12ª edição e com uma venda superior a 50 mil exemplares desde sua primeira edição, em 1997.

o mundo atual criticamente, também tenha tomado conhecimento do contexto, vida e obra de Francisco de Assis e Che Guevara.

Na obra *Cartas a Cristina* conta, em pormenores, sua vida à sobrinha Cristina, que havia manifestado interesse e desejo de conhecê-lo melhor. Paulo não hesita a este apelo, e escreve a *primeira carta, a segunda carta, a oitava carta... a décima oitava carta.* A leitura destas cartas nos conecta com seu contexto social e sua determinação de viver e trabalhar fazendo a diferença. Seus escritos nos desafiam a fazer a nossa parte.

Quão importante foi o gesto generoso e simples de passar a sua mensagem através de cartas, cujo conteúdo/memória o fez repensar e nos faz refletir sobre sua experiência de vida! Hoje, temos certeza que este gesto não foi somente generoso para com sua sobrinha Cristina ou para nós educadores populares, que o temos como referência de educador, mas, sobretudo, foi um gesto profundamente generoso e militante para com a humanidade inteira. Esta sua postura nos interroga: quem, entre nós, se propõe a gastar o seu tempo fazendo algo semelhante, de forma tão generosa e paciente? Não seria válido, justo e ético, ocuparmo-nos escrevendo cartas que venham a ser lidas daqui a dez, vinte ou mais anos, em outro/novo contexto histórico de nossas lutas por dignidade humana? Quem sabe!

O fato de Cristina manifestar seu desejo de conhecer a experiência de Freire, a colocou em sintonia e em postura de escuta e de abertura para ler e apreender de seu tio, tudo aquilo que lhe era mais caro – sua experiência de vida, vivida intensamente e comprometidamente por sete décadas. Desta forma, Cristina e Paulo, de forma generosa, grata e feliz, nos ensinaram que "receber e ler, escrever e enviar cartas se constitui numa prática dialógica" (Freire, 1987). Neste sentido, o fato de a sobrinha responder às cartas de Paulo, recoloca para nós o sentido e a necessidade de que toda a carta recebida traz, portando em si, o desejo de uma resposta, vindo a se constituir aprendizados que se entrecruzam e se comunicam.

> Tio, proporcionou-me uma grande alegria junto com um orgulho interno extremamente gostoso. "Ouvir" sobre suas idas e vindas, as vivências familiares, as opções de vida, a construção de seu trabalho, do seu acreditar nas possibilidades infindas do homem e da mulher, foi uma confirmação de que sonhar é possível.[5]

[5] Freire, P. *Cartas a Cristina.* Rio de Janeiro, Paz e Terra, 1994, p. 235.

Outro exemplo desta importância é confirmado pela densa correspondência mantida entre Olga e Prestes, Gramsci e Tânia, cujas muitas cartas trocadas entre eles, alimentaram sua relação de amor, amizade e política, por tantos anos, até que um deles silenciasse. Contudo, estas cartas têm valor histórico e humano, uma função social rica, pois se constituem em documentos históricos inéditos para os dias atuais.

Cartas Pedagógicas: a expressão da profunda humanidade de Freire

Coube a Ana Maria Araújo Freire (Anita), companheira de Freire por anos, apresentar os últimos escritos do educador do povo, porque este já não mais se encontrava entre nós. Isto só foi possível porque Paulo, em momento algum, desdenhou do dever de escrever sua realidade, tomando-o, antes, como uma tarefa eminentemente política, feita sempre com seriedade e ética, além de lhe ser prazeroso escrever, pensar.

Com longa experiência de escrita e tendo bons ensaios em forma de cartas, o educador, que problematizou a *Pedagogia do Oprimido* (1967), a *Pedagogia da Esperança* (1992) e a *Pedagogia da Autonomia* (1997) caminha, próximo ao final de sua vida, para a redação de *Cartas Pedagógicas*, como ele próprio as chamou desde quando começou a escrevê-las. Em 2000, três anos após sua morte, estas cartas, encontradas manuscritas em sua mesa, foram publicadas em sua obra *Pedagogia da indignação*, apresentada por Anita e prefaciada por Balduino Andreola, amigo de Paulo Freire. A carta-resposta – Prefácio da obra – chama-nos a atenção pela relação que Balduino estabeleceu com seu amigo, sobretudo, por saber respeitar o silêncio que brotava de sua escuta silenciosa, mesmo que chamando-o muitas vezes, pelo próprio nome.

> Paulo, recebi tuas cartas pedagógicas, que a Nita amavelmente me enviou, pedindo-me que, depois de lê-las, pusesse no papel minhas reflexões sobre as mensagens nelas contidas. Paulo, cartas recebidas de amigos devem também ser respondidas por carta. Foi por isso que decidi escrever-te, mesmo sabendo que já partiste para a tua grande viagem transitória.[6]

Revistando estes escritos, encontramos evidências concretas de que a expressão cartas pedagógicas foi uma denominação dada por ele próprio, uma invenção dele, cunhada por ele. Uma reflexão pedagógica profunda, embasada em temas contex-

---

6 Freire, P. *Pedagogia da indignação.* Cartas pedagógicas e outros escritos. São Paulo, Editora UNESP, 2000, p. 15-16.

tualizados, provocantes e atuais, deu-lhe o nome de cartas pedagógicas[7].

A primeira carta, de janeiro de 1997 – *Do espírito deste livro*; a segunda, de 7 de abril – *Do direito e do dever de mudar o mundo*; a terceira, de 21 de abril – *Do assassinato de Galdino Jesus dos Santos – índio pataxó,* são três cartas construídas com rigor e seriedade, valores próprios de Freire e presentes em todos os seus escritos, portadoras da essência que se exige a uma carta que se denomine *pedagógica* em si. Conforme ele próprio escreve,

> Fazia algum tempo um propósito me inquietava: escrever umas cartas pedagógicas em estilo leve, cuja leitura tanto pudesse interessar jovens pais e mães quanto, quem sabe, filhos e filhas adolescentes. Cartas pedagógicas que eu fosse tratando problemas, destacados ou ocultos, nas relações com filhas e filhos, na experiência do dia a dia.[8]

Segundo as palavras de Paulo Freire, "estas cartas pedagógicas expressam mais um momento da luta em que me empenho como educador, portanto, como político também, com raiva, com amor, com

---

[7] Para saber mais sobre cartas, ver: Machado, C. L. B.; Marcelino, A.L. G.; Silveira, M. L. (org.). *Cartas Educativas* – uma experiência-ação de resistências, anúncios e fazeres. Porto Alegre, Editora Itapuy, 2010.

[8] Freire, P. *Op.cit.*, 29.

esperança, em favor do sonho de um Brasil mais justo".[9]

São cartas, de alguma forma, destinadas a quem se encontra no dever de educar e ensinar no espaço da escola, uma instituição vista por ele, como um lugar distante da vida real das pessoas que a frequentam. Um espaço onde a vida não pulsa, e as práticas sociais são isoladas, para dar lugar a um currículo conteudista, a tempos educativos: aula e recreio, cansativos, a uma avaliação classificatória, a um planejamento individual dos professores/as em detrimento de um planejamento coletivo da escola. Portanto, a leitura destas cartas e o estudo de seu conteúdo, contribuiriam com a formação humana pretendida. São cartas pedagógicas dirigidas também ao público em geral, especialmente aqueles sujeitos que ainda são capazes de sentir indignação diante de algum mal cometido pelo opressor e, por isso mesmo, se colocar em defesa do oprimido. Por assim dizer, são cartas – conteúdo e forma –, que se aproximam da natureza dos textos de Paulo Apóstolo, no início de era cristã. Usam uma linguagem fácil e direta, ao alcance de todas as classes sociais.

---

[9] *Ibid.*, p. 4.

Dado o nosso propósito nesta escrita, aqui apresentamos um pequeno trecho extraído da terceira e última carta pedagógica escrita por Freire, encontrada sobre sua mesa, incompleta, datada de 21 de abril de 1997.

> Que coisa estranha, brincar de matar índio, de matar gente. Fico a pensar aqui, mergulhado no abismo de uma profunda perplexidade, espantado diante da perversidade intolerável desses moços *desgentificando-se,* no âmbito em que *decresceram* em lugar de crescer. Penso em suas casas, em sua classe social, em sua vizinhança, em sua escola.[10]

Pelo tamanho da carta, uma página e meia apenas, é um indicativo de que ele certamente havia se planejado a dar-lhe continuidade, assim que fosse possível, mas Paulo silenciou e não voltou à sua mesa para concluí-la. Este trecho, sem dúvida, dá a dimensão do grau de indignação que perpassava o sentimento de Freire, naquele momento em que a vida de um irmão índio pareceu não ser a vida de um ser humano, aos olhos de quem cometeu o crime. Fato que, ainda hoje, inunda de perplexidade a todos/as.

---

[10] *Ibid.*, p. 66.

Tentando compreender melhor a intencionalidade pedagógica de Paulo, poderíamos nos perguntar: por que ele as chamou de cartas pedagógicas? O que mesmo queria expressar? Suas cartas anteriores, não denominadas de cartas pedagógicas, são também portadoras de intencionalidade pedagógica?

Buscando capturar a sensibilidade e o sentido que Paulo deu a estas cartas, relendo-as e debatendo-as em nosso coletivo pedagógico, nos permitimos alguma opinião, reconhecendo, sobretudo, a grandeza do pensamento pedagógico que ele nos transmite. Estas cartas contêm uma intencionalidade pedagógica, ou seja, tratam de questões que dizem respeito à formação humana, humanizadora, ou sua ausência nas pessoas, como por exemplo, naqueles jovens que mataram o índio Galdino Jesus dos Santos, em Brasília (1997). Seus últimos escritos, em forma de cartas pedagógicas, estão permeados de força e teoria pedagógica porque mexem com importantes matrizes da formação humana. A nosso ver, uma carta só terá cunho pedagógico se seu conteúdo conseguir interagir com o ser humano, comunicar o humano de si para o humano do outro, provocando este diálogo pedagógico. Sendo um pouco mais incisivas nesta reflexão, diríamos que uma carta pedagógica, necessariamente, precisa estar *grávida* de pedagogia. Portar sangue, carne e osso pedagógicos. Nas palavras de Arroyo,

> Paulo Freire e a pedagogia popular nos colocam que educar é humanizar; não é ensinar, não tornar competente. Educar é compreender e entender os processos de humanização. E Paulo Freire nos faz entender os processos de desumanização, mas ainda, também, que o ser tende à humanização, a se constituir como humano, historicamente.[11]

A leitura intensa e cuidadosa destas cartas pedagógicas dá-nos pistas extraordinariamente ricas e desafiadoras para novas leituras de toda a obra de Freire. Todavia, como educadores/as populares, apenas lê-las não é suficiente. O desafio é *estudar* o seu conteúdo. Portanto, a *leitura* e o *estudo coletivo* destas cartas são como que um dever para todos os educadores/as populares. E, ao estudá-las, podemos nos perguntar: qual é a mística subjacente às cartas pedagógicas de Paulo Freire?

Certamente, a atualidade de suas reflexões nos dá elementos orientadores para a elaboração de

[11] Palestra realizada em 21 de novembro de 2000, na mesa redonda *Educação popular*: paradigmas e atores, no Seminário Educação 2000, promovido pelo Instituto de Educação e o Programa de Pós-Graduação em Educação da Universidade Federal de Mato Grosso. Disponível em: <http://www.ufmt.br/revista/arquivo/rev19/arroyo_1.htm>. Acesso em 12 de abril de 2012.

nossas cartas pedagógicas, através das quais manifestaremos nosso desejo de comunicar questões pedagógicas que assegurem os princípios e valores, próprios do projeto de Educação Popular no meio do povo.

SE HERDEIROS, CABE-NOS O CULTIVO E A CONTINUIDADE

Assumir e afirmar que, enquanto educadores/as, somos herdeiros de uma experiência de reflexão, conformada nas cartas pedagógicas iniciadas por Freire, portanto, ancorada nos princípios da EP, nos quais o educador apostava, significa, também, dizer que temos a responsabilidade de compreender o alcance pedagógico[12] desta iniciativa, além de cultivá-la e

[12] A palavra pedagogia vem do grego (pais, *paidós* = menino, filho) e *agogué-agogia* = conduzir, guiar. Daí a ciência de guiar, educar. Outrora, o conceito fazia, portanto, referência ao escravo que levava os meninos à escola. Atualmente, a pedagogia é considerada como sendo o conjunto de saberes que compete à educação enquanto fenômeno tipicamente social e especificamente humano. Trata-se de uma ciência aplicada de caráter psicossocial, cujo objeto de estudo é a educação. A pedagogia recebe influência de diversas ciências, como a psicologia, a sociologia, a antropologia, a filosofia, a história e a medicina, entre outras. A pedagogia também tem sido relacionada com a andragogia, a disciplina educativa que se encarrega de instruir e educar permanentemente o homem em qualquer período do seu desenvolvimento e em função da sua vida cultural e social. "Andragogia é vista como a arte e a ciência de ajudar os adultos a aprender, em constraste com a pedagogia como a arte e a ciência de ensinar crianças". Kmowles, Malcolm S. *The modern practice of adult education: andragogy versus pedagogy*. New York: Association Press, 1970.

recriá-la, desde a realidade social que nos cerca, no tempo que atuamos no meio do povo.

Poderíamos dizer que este legado passado por Freire à geração atual, é uma espécie de "tesouro" pedagógico, doado por alguém que, de algum lugar, quer vê-lo produzir frutos. Por isso, sem aprisioná-lo a alguma experiência de educação popular, o experimento de escrevê-lo, com teor e sensibilidade pedagógica, terá que ser anunciado, incentivado. No que diz respeito à questão*: cartas e cartas pedagógicas* há que se reconhecer a herança generosa recebida gratuitamente.

Os autores das cartas aqui apresentadas, num gesto profundamente humano, fizeram a sua parte, se comunicando, lendo e escrevendo. De modo geral, suas cartas, e especialmente aquelas redigidas nos períodos de cárceres e exílios, chegaram até nós porque não foram escritas com a intenção de serem engavetadas ou encarceradas, impedidas de leitura.

Portanto, somos herdeiros de iniciativas corajosas e atenciosas, assumidas com postura ética pelos antepassados e pelos mais próximos de nós. Pensadores que não hesitaram ao clamor do registro, da sistematização, de fazer memória no presente para ser comunicada e refletida pelas gerações futuras. Recebemos isto de presente e, de presente, somos desafiados a dar, desde a sistematização, cuja prática social nos inspira.

Sem dúvida, todas as cartas, direta ou indiretamente trazidas aqui, estão disponíveis e ao alcance de nossas mãos, porque públicas, incidem e incidirão sobre a formação do conjunto de educadores e educadoras, à medida que fizermos a sua leitura/estudo e entendermos o seu conteúdo e aprendizado. Porque é fruto do exemplo de vida e coragem de homens e mulheres que denunciaram o que não condizia com os valores humanos, e anunciaram outro modo de vida, coerente com estes valores. Suas obras, registradas em forma de cartas, são a pura revelação de uma vida de contestação ao mundo desumano que os cercava.

As cartas de Paulo à Guiné e a Cristina, por exemplo, têm um caráter público, digamos assim, de um homem que escreveu para inúmeros leitores. Paulo Freire buscou dentro de si, bebeu de sua própria fonte de experiências pedagógicas vividas no meio do povo e comunicou a nós o seu resultado. Algumas delas foram escritas no decorrer das experiências, portanto, um aprendizado em processo. Experiências que ele viveu de modo cauteloso, pensando e escrevendo sobre elas e, possivelmente, com a intensidade e profundidade que mereciam.

Das três cartas pedagógicas, a última, interrompida no ato de escrevê-la, pela "irmã morte corporal", como diria Francisco de Assis, Paulo Freire dá um passo importante. Intencionalmente, escreveu-a imaginado e buscando pessoas com as quais podia sonhar e se indignar, juntos. Mais uma vez, a carta-resposta de Balduino a Paulo é a compreensão deste apelo.

Portanto, suas cartas, e de modo especial, as três cartas pedagógicas, portam em seu bojo um conteúdo atual, porque dialogam com todos nós e com a realidade ao nosso entorno. Tratam de questões que diziam respeito a Paulo Freire há 15 anos e que, hoje, continuam interrogando Dorival, Sandra, Roseli, Darlene, Tomás e outros educadores/as entre nós.

A Recid – um passo à frente

A Recid, em nível nacional, dá um passo à frente inovando, ou até mesmo, radicalizando a intencionalidade de uma carta pedagógica, porque buscou apreender essa herança, assumindo para si o desafio de dar essa continuidade, recriando e reinventando novas formas de comunicação; porque o próprio Freire não queria ser repetido, copiado e, sim, recriado. Por isso, inaugura, com esta experiência, outra forma de comunicar pedagogia em rede, quando incentiva, dá condições e exercita a composição de cartas coletivas, com a intenção de anunciar nosso trabalho de educação popular. E, à medida que avançarmos neste princípio de escrever cartas, com a finalidade de que sejam lidas e, mais ainda, dermos um passo adiante, incentivar respostas pedagógicas às cartas pedagógicas, vamos concretizando a vivência de uma nova cultura, tanto da escrita da palavra, quanto da leitura da realidade da vida.

Alguns trechos de cartas pedagógicas, escritas por educadores/as da Rede de Educação Cidadã e a nós enviadas, são importantes para assegurar o que anunciamos.

> Nós nos preparávamos pra escrever nossa carta pedagógica na tarde do dia 13 de julho, mas não foi possível. No meio do nosso caminho estava, na madrugada do dia 11 de julho, um ônibus, um caminhão-tanque e a partida de nossas/os companheiros/as de caminhada, sonhos e esperanças... (carta de Rondônia, s/d).[13]
>
> É com muita alegria que compartilho nosso trabalho pela Rede de Educação Cidadã aqui em Alagoas. Esperamos que esta carta possa chegar a todos os nossos amigos e, com isso, partilharmos nossas alegrias e tristezas, mas,

[13] Ver o Caderno *Cartas Pedagógicas,* Rede de Educação Cidadã, Brasília, 2008, p. 15.

> principalmente, nosso ideal de transformar o país... (carta de Alagoas, escrita em 7/7/2008).[14]
>
> Esta é a sexta carta enviada à equipe da Recid-MT, um dos meios que nos integram ao processo; e a primeira para a Recid/Nacional... (carta do Mato Grosso, escrita em 11/07/2008).[15]
>
> Esperamos que esta carta os encontre com a viva esperança na mudança a partir e com o povo brasileiro. Nós, da Rede de Educação Cidadã de Minas Gerais, estamos presentes em várias regiões do Estado... (carta de Minas Gerais, s/d).[16]
>
> Há três anos, a Rede vem fortalecendo a luta, articulando os movimentos, camponês e urbano, através de assembleias populares, oficinas de formação, cinema na comunidade, panfletagem, jornais populares... (carta de Santa Catarina, escrita em julho/2008).[17]

Ainda que tenha muito a avançar nos princípios da comunicação, não temos dúvidas sobre a importância pedagógica deste feito que a Recid está se propondo, o de construir uma experiência de escrever cartas; sobretudo, porque ela não parte da experiência de Freire permanecendo nela. Compreendendo o sentido do partir da realidade e colocando-se a caminho, a Rede busca chegar a um

---

[14] *Ibid.*, p. 35.

[15] *Ibid.*, p. 68.

[16] *Ibid.*, p. 80.

[17] *Ibid.*, p. 105.

novo horizonte, transformando a prática de escrever cartas, ao ressignificá-la. Esta postura que vem assumindo, exige-lhe pensar sobre o que escreve, registrado em cartas pedagógicas, disponibilizadas àqueles que desejarem lê-las. Isto, também, exige pensar nas pessoas que escrevem e no conteúdo a ser comunicado, no *jeito* de escrever e na *metodologia* usada. A grandeza deste gesto se concretiza na troca, na correspondência entre quem escreve e quem recebe e responde, pois, de algum modo, toda carta, e de modo especial, a carta pedagógica, requer uma resposta, correspondente ao que lhe foi comunicado e informado.

O desfio da Recid/Camp

Ao assumir a responsabilidade pedagógica enquanto Recid/Camp, no ano de 2011, encontramos este processo germinando. Tendo em vista os desafios pedagógicos colocados para o conjunto de educadores/as, fomos desafiados a entendê-lo para poder dar mais um passo, no sentido de qualificar esta opção metodológica. Neste sentido, tem sido nossa prática dar resposta a todas as cartas pedagógicas recebidas – dialogando registros e memórias de experiências, para delas apreender o melhor e fazer mais. Isto é, ao receber uma carta, a equipe pedagógica a lê com o devido cuidado. Após alguns dias, a lê novamente, constrói sua resposta e a envia aos remetentes. Em média, temos respondido uma carta a cada Estado, de quem as recebemos. Portanto, hoje, estão arquivadas 13 cartas pedagógicas, recebidas e respondidas, disponíveis também no sítio eletrônico do Camp. São cartas portadoras de conteúdo formativo e informativo, onde se comunica uma reunião, um encontro, uma roda de conversa, um seminário, um encontro da juventude, uma avaliação, ou outras reflexões. É deste modo que as CP´s construídas pelas mãos dos educadores/as vão ganhando sentido pedagógico e político, engravidadas de pedagogia popular. Sua leitura nos assegura, hoje, condições de pensar sobre essa temática, ao mesmo tempo em que se constituem como registros importantes, que guardam a memória, a reflexão e a sistematização das experiências em processo. Todavia, é importante reconhecer que também ela é uma experiência em processo, e que não há outra neste formato, de âmbito nacional, com a qual se possa buscar uma interlocução. Paulo Freire havia apenas iniciado esta forma de comunicar pedagogia e política, redigindo cartas pedagógicas, quando partiu, em maio de 1997.

Nesse momento em que a Recid se propõe a potencializar o acompanhamento pedagógico, retomando e incentivando a redação de cartas pedagógicas coletivas, que venham guardar o registro e a sistematização da experiência de educação popular, é importante formular questões tais como: qual é o conteúdo necessário para que uma carta seja pedagógica? Como desenvolver a dimensão pedagógica em uma carta que se denomine de pedagógica? Qual o conteúdo pedagógico-político-humano das cartas de Saramago, de Frei Betto e de Gramsci, por exemplo? Qual é a mística que aparece em nossas cartas pedagógicas? Que relação guardam as nossas cartas pedagógicas com o conteúdo das cartas dos lutadores do povo?

A estas questões, arriscamos alguma resposta, embora cientes de que "são as perguntas que movem o mundo". Ainda que a reflexão exija muito de nós, entendemos que uma carta, que se proponha a ser pedagógica, deva conter cunho pedagógico, isto é, essencialmente seja portadora de conteúdo, de metodologia popular, de uma intencionalidade formativa e informativa; que seja de e para sujeitos sociais imbuídos de uma pedagogia que pretenda libertar o oprimido do opressor sem, com isto, passar a assumir o seu lugar. Ou, ainda, conforme já anunciamos, uma carta pedagógica precisa estar *grávida* de pedagogia. Precisa conter um germe de uma nova comunicação humanizadora, que seja capaz de mexer com as pessoas, movê-las em outra direção. Ela deve trazer lições de pedagogia, aprendizados sistematizados pelos sujeitos educadores/as. Ela deverá incidir na formação humana, pedagógica e política do sujeito que a lê, e ajudá-lo a ser mais humano, mais gente, mais solidário.

À medida que os educadores populares têm acesso e estudam as cartas pedagógicas de Freire, e cartas de outros lutadores/as, vão entendendo e colocando em prática a missão a eles atribuída. O fato de a Recid incentivar e estender esta metodologia às pessoas com quem trabalha, desde o lugar onde estas se educam mutuamente e se formam em comunhão, tanto assegura como se legítima continuadora de Freire. Aqui reside a sabedoria de uma experiência em curso, quando seus protagonistas compreendem o valor pedagógico da continuidade do legado de Paulo Apóstolo a Paulo Freire. Deste modo, se reafirma a importância desta compreensão, pois a metodologia e o conteúdo das cartas pedagógicas ajudam a construir e a costurar – fio por fio – a história de uma experiência de educação popular, conectada em rede, próxima ao povo, cuja comunicação e interação são indispensáveis.

Na condição de equipe Recid/Camp, neste período importante de formação de educadores/as populares, a princípio, nos colocamos como interlocutores/as dessa experiência, para também aprender dela. Também nos vemos juntos, nesta caminhada, buscando aprofundar e ressignificar esta iniciativa de registro e sistematização. Neste caminho, juntos, construiremos conhecimentos e saberes que nos tornarão, certamente, mais responsáveis e humanos, e ainda mais *sabidos*, diria o povo. Neste sentido, testemunhamos o prazer que tem sido receber e ler e, assim, poder conhecer um pouco da realidade e das práticas sociais, transmitidas por meio das inúmeras cartas enviadas de vários Estados, escritas por seus educadores/as. O fato de nos propor a dar um passo à frente, respondendo-as, tem sido um aprendizado pedagógico significativo, compreendendo, acima de tudo, também o desafio que tem sido para esses educadores/as, escrever e ler o que escrevem. Pois, de acordo com Paulo Freire, "escrever supõe a leitura do que se escreve, muitas vezes, para poder aprender a escrever melhor e animar-se a escrever o ainda não escrito".

Com esta iniciativa ousada, por assim dizer, a Rede de Educação Cidadã coloca na roda da educação popular e resgata o sentido original de se escrever uma carta. Por isso, a importância de nos remeter aos clássicos que se dedicaram a escrever cartas. E esta iniciativa tem sido bem acolhida pelos educadores/as que ajudam a movimentar essa roda. Poderíamos dizer que as cartas pedagógicas, da forma que vêm sendo ressignificadas, se tornaram combustível que faz a Recid girar. Para Rosa Luxemburgo, "quem não se movimenta não sente as correntes que o prendem", assim, em movimento, se multiplicam as cartas em seus mais variados ambientes educativos. Cartas que guardam a memória de um encontro, de um macrorregional, de uma reunião, de um dia de estudo. Cartas que falam de uma realidade, uma prática, uma experiência, uma proposta, uma convicção. São cartas que partem e que chegam, provocando a pensar. Quem lerá o registro destas práticas populares, que no seu conjunto construíram uma experiência de educação popular? E o que dirá?

Hoje, parece não haver mais dúvidas: ao se incentivar a construção e redação de cartas pedagógicas, de alguma forma, estamos contestando a sociedade da não comunicação e do isolamento do mundo na internet, ainda que esta seja para poucos. Autorizam-se pessoas e legitima-se a elas o direito de escrever em situações inusitadas. Recupera-se uma prática secular, pois, escrever cartas foi sempre uma forma de se comunicar, com um recurso à mão e ao alcance das pessoas, onde quer que elas se encontrem. Um papel em branco, um lápis ou caneta são suficientes para incentivar a reflexão sobre algum fato que se deseja passar adiante. A narrativa é uma das maneiras mais correntes nas cartas, especialmente porque nelas estão os detalhes e os pormenores que ajudam o leitor/a a compreender o contexto dos fatos. Por isso, cartas bem escritas nos estimulam a ler e a depreender o mundo dos homens e mulheres que as escrevem, que registram e fazem história através delas; cartas que, por sua natureza, exigem e estimulam uma resposta. Para confirmar isto, podemos ler uma carta de Olga Benário.

Não há dúvidas de que as cartas pedagógicas motivam a reflexão, a construção de conhecimentos e saberes coletivo porque têm elaboração coletiva e são endereçadas e enviadas para que, em coletivo, sejam lidas e relidas. O encontro com a carta deveria ser programado, combinado; um encontro para conhecer, saber e apreender algo que o outro nos comunicou.

Organizando mutirões

Por isso, e por outras razões, seria bom pensar em um "mutirão" nacional, organizando oficinas de elaboração de cartas pedagógicas, que contivessem conteúdo e metodologia da educação popular. Para estes momentos, poderá se buscar e fazer a leitura coletiva da carta-testamento de Francisco Julião, das cartas do cárcere de Antônio Gramsci e de Frei Betto. Internamente, a Recid acumulou uma pequena experiência, a ser potencializada, ou seja, há cartas pedagógicas produzidas pelos educadores/as dos 27 estados: cartas escritas aos educadores/as voluntários, carta pedagógica anunciando o texto *Sem cercas e muros*[18], cartas para encontros de formação, entre outras. Se bem analisadas, as tomaremos como cartas/instrumentos, que poderão nos orientar na elaboração de outras, bem como dar qualidade à continuidade desta iniciativa.

Que juntos, Paulo Freire e outros, nos inspirem a continuar escrevendo cartas e cartas pedagógicas e construindo, através delas, saberes e aprendizados que possam se entrecruzar e se comunicar. Que rendam frutos de sistematização de nossas práticas sociais junto ao povo. E, se conseguirmos, que este passo à frente seja referência para quem assumiu o compromisso de escrever, para quem ainda não o entendeu como seu, será um tanto melhor.

---

[18] Para saber mais, Camini, I. *et. al. Sem cercas e muros* – a educação popular no meio do povo: análise do processo pedagógico das oficinas da Recid-Rede de Educação Cidadã/Camp. Brasília, 2012.

Cartas pedagógicas precisam ser escritas

Tudo o que há registrado em cartas, em períodos distantes ou mais próximos, nos leva a crer que esta forma de comunicação é atual, viável e coerente, pois uma carta pode ser escrita durante uma viagem, uma marcha, uma reunião, ou participando de uma roda de conversa.

Pelo caminho escolhido e pela reflexão construída, com a interlocução de alguns dos mestres da humanidade, há indícios de que escrever cartas não é uma atitude superada e envelhecida pelo tempo. Embora, haja quem defenda sua superação vendo, na metodologia de escrever cartas, algo retrógrado a ser descartado e jogado no lixo, principalmente se comparado à rapidez da atual forma de comunicação. Entretanto, pelo legado e experiências pessoais aqui apresentadas, poderíamos dizer, sem afrontar ninguém: envelhecidos são aqueles e aquelas incapazes de ler e dar novo significado aos escritos de Che, de Saramago, de Paulo, de Olga e de outros pensadores e lutadores do povo – pessoas que não viveram uma vida superficial, indiferentes às causas humanas e de costas para as contradições sociais de seu tempo.

Contudo, o desafio posto a nós, educadores e educadoras populares é o de continuar lendo e apreendendo da experiência de luta e do profundo amor à vida destes camaradas, tomando-os como referência de vida. E, ao mesmo tempo, nos desafiar a escrever sobre as nossas experiências, especialmente aquelas construídas coletivamente, em condições de gerar novos aprendizados.

As cartas trazidas para a elaboração deste texto são indicativas de que o hábito e o exercício da escrita são necessários, pois a gente aprende a escrever, escrevendo e lendo o que o outro escreveu; do jeito e das palavras que escolheu para escrever. Está assegurado que este método é o mais eficaz. Neste sentido, citamos Galeano, que escreve como quem busca nas palavras "mais que o osso, a própria medula", ou ao mestre de todos nós, Juan Rulfo, que profere que "escrever é reescrever, e que reescrever é cortar palavras, até chegar à sua essência" (*Carta Maior*, 2 de abril de 2012).

Há quem diga o seguinte: a pessoa que começa a escrever tem a chance de sair da condição de sentir-se incapaz de escrever. A escrita é sempre feita em função de outros. Escreve-se, quase sempre, para aqueles/as que são desconhecidos – não vemos seu rosto, não o encontramos na rua. O desafio maior da escrita e, sobretudo, de quem escreve, é desenvolver a capacidade de *imaginar* o seu leitor ou leitora do outro lado, ou ao seu lado, esforçando-se para *enxergar* o seu rosto, a cor dos seus olhos; *perceber* a compreensão mais nítida ou ofuscada que este terá de seu texto e, quem sabe, a emoção que surgirá desta compreensão. De antemão, *sentir* o quanto ele/a ficaria feliz se, de algum de nós, recebesse pelo menos *uma* carta.

Será mesmo que escrever para um filho, para um irmão, para um companheiro, uma companheira ou para um grupo da Recid tem sido mais fácil?

Os escrevedores/as de cartas ensinam que uma carta recebida por uma pessoa não familiarizada com o mundo das letras tem a força de movê-la a buscar se alfabetizar, para poder lê-la mais de uma vez, em segredo. Solicitar um favor a alguém que leia para ele, não deixa de ser um gesto de humildade de quem pede, e um gesto generoso daquele que lê, para o outro escutar. Frente a estes casos, Francisco de Assis nos orienta: "Rogamos (...) a todos aqueles a quem chegar esta carta que recebam benignamente (...). E os que não sabem ler mandem lê-la muitas vezes e mantenham-na consigo (...) até o fim"[1] Esta realidade nos reporta novamente ao filme *Central do Brasil*.

Deste modo, uma carta que se proponha ser bem escrita, exigirá de seu autor situar o leitor/a em seu momento e contexto histórico, revelando o estado de ânimo no qual se encontra. Uma carta que leva em conta esta orientação, seguramente será lida por uma pessoa, por outra e, certamente, por mais outras. O exemplo de Nina confere, em boa medida, este enunciado.

> Eu tenho 14 anos, sabe, acho que nessa idade ainda se pode ser meio idiota e escrever *e-mail* (ainda acho cartas dez vezes mais lindas) quando se quer compartilhar um sentimento. Sabe, eu quero ser escritora desde que eu tinha seis anos; talvez por isso escrever – e, no nosso caso, endereçar a alguém – faça com que eu me sinta bem. Por isso, termino essa carta dizendo: obrigada por ler se é que você leu. E caso algum dia queira vir ao Brasil (por conta de José ou própria), seja bem-vinda (carta de Nina à Pilar, esposa/viúva de José Saramago, em seguida à sua morte, 2010).

Esta adolescente, menina de apenas 14 anos, acompanhou e leu Saramago, um homem de mais de noventa anos, e com ele aprendeu uma lição

---

1 Teixeira, C. M. (org.). *Fontes Franciscanas e Clarianas*. Petrópolis: Vozes, FFB, 2004, p. 113.

importante: que a vida sempre vale a pena quando vivida com ideais humanos, intensa e responsavelmente, por nove décadas.

Olhando para frente

Sem a pretensão de esgotar o assunto, dada sua complexidade, algumas considerações acerca de cartas pedagógicas ainda se fazem necessárias. Primeiro, pela relevância e relação que guarda a temática aqui abordada, com as questões pedagógicas com que a Recid vem se confrontando no decorrer do processo de educação popular. Segundo, porque ainda temos muito que aprender com as experiências passadas, se tomados o compromisso social e político, minuciosamente registrado em cartas, pelo próprio punho desses lutadores/as.

A compreensão do conteúdo e das formas que estes autores encontraram para nos comunicar o seu pensamento, poderá ser importante e decisivo para melhorar a nossa "prática de escrever cartas". Prática, incentivada pelo trabalho popular com o povo, de modo especial, nestes tempos globalizantes e de comunicação cada vez mais veloz, mas, muitas vezes, superficial.

O conjunto de cartas aqui mencionado, que podem ser acessadas pelos leitores/as, traz reflexões que brotam de vivências em situações difíceis, em alguns casos, de privação de liberdade e que, nem por isso, os impossibilitou de fazer um denso registro para a História. Fica evidente em seus escritos, um sentimento comum: a responsabilidade que pesava sobre seus ombros, sob seu contexto histórico peculiar, e que se tornou um dever deixar registrados seus pensamentos e orientações, os quais viessem a guardar a originalidade de seus projetos. A consciência nítida de que deveriam preservar a memória de seu tempo se tornou princípio e fundamento em cada um deles. Seja qual for a condição vivida por estes mestres, há indícios de que buscaram e encontraram na escrita de suas cartas, redigidas com rigor e detalhes, datadas cronologicamente, uma terapia, "um conforto/alento para a alma". Para alguns, este gesto foi um grande desafio enfrentado, sobretudo, com o objetivo de pensar e projetar o futuro desde seu tempo presente.

Bem, se vistos no conjunto, fica perceptível que nenhum deles guarda rancor, ressentimento, ou algum arrependimento pela opção de vida que fizeram; quase toda ela dedicada à luta por outro mundo possível; mesmo que isto lhes tenha custado sua liberdade e sua existência. Indicativos descrevem que nenhum deles traiu a humanidade de seu tempo e, tampouco, a quem buscou neles referências de luta e coragem, séculos mais tarde.

Os fragmentos das cartas aqui apresentados, confirmam a riqueza de uma comunicação correspondida, pois, cada carta respondida viria a alimentar e a instigar outras novas cartas. Mensagens que, ainda hoje, lançam luz e focam outro horizonte social, um homem e uma mulher, novos. A firmeza e a determinação que nelas transparecem nos dizem sobre uma esperança anunciada, uma dor elaborada e uma vitalidade restabelecida, à medida que eles construíram convicções coletivas e alimentaram um projeto social mais claro.

Por fim, a pretexto de escrever um pequeno texto sobre *cartas pedagógicas – aprendizados que se entrecruzam e se comunicam*, inspirada por Paulo Freire, fui levada a ir mais longe, a mergulhar na história e a dialogar com diferentes homens e mulheres de bem. Tudo isto resultou neste *pequeno livro*, no qual entraram e participaram também muitos de vocês, que se aventuraram a ler estas linhas. Perdoem-me, mas não tive outra opção, a não ser fazer o que deveria ser feito.

ALGUMAS SUGESTÕES

Leitura e estudo sobre cartas

Se desejarem ler[1] estes escritos, tomando-os pela opção de vida daqueles/as que os escreveu, nossa sugestão é a seguinte:

Cartas de Paulo Apóstolo, São Francisco de Assis, Dom Hélder Câmara e Frei Betto;

Cartas de Rosa, Olga, Gramsci, Francisco Julião e Che Guevara;

Cartas de José Saramago;

Cartas de Paulo Freire – no exílio e de volta no Brasil;

Cartas pedagógicas de Paulo Freire;

Cartas pedagógicas dos educadores/as.

---

[1] O termo *ler* deriva do latim: *legere.* Este verbo, etimologicamente, também significa recolher, ajuntar. Tanto que se costuma expressar-se desse modo *legeretriticum*, ajuntar o trigo. Passando para a atividade intelectual, a palavra permaneceu com o mesmo sentido. É comum, ao alfabetizar adultos, ouvir expressões como esta: "eu não consigo juntar essas letras ou essas palavras". Conceito extraído do texto de Crocoli, A. Testamento de São Francisco: elementos para uma leitura. *Revista Franciscana.* Petrópolis, v. 5, n. 8, 2005.

Escrever cartas pedagógicas

Tomadas as experiências de escrever cartas dos distintos lutadores/as apresentados, de modo especial, as de Paulo Freire, fica perceptível que há diversas e inúmeras formas de redigi-las, quer se proponham a anunciar ou a denunciar algum fato a alguém, individualmente, ou a um coletivo.

Com o propósito de continuar avançando na experiência de escrever cartas pedagógicas, seja entre os educadores/as, seja nas escolas ou em outros espaços de convivência sob a perspectiva popular, aqui segue uma orientação/sugestão: a condição prévia para escrever uma carta pedagógica é ter-se uma posição política e pedagógica claramente definida. Isto é, consciência crítica sobre o fato, ou fatos que se pretenda comunicar.

Sugerem-se, como método, esses passos:

Primeiro passo: escolher um fato, se possível ligado diretamente à realidade do grupo para o qual se escreve a carta;

Segundo passo: descrever o fato e mostrá-lo como reflexo de uma realidade maior, com incidência nas famílias, na escola, na sociedade;

Terceiro passo: construir a carta coletivamente, buscando refletir sobre a realidade escolhida, e intencionada a provocar mudanças;

Quarto passo: reler a carta, cuidadosamente, aprimorando as ideias que não estão bem claras, especialmente aquelas que não dizem bem o que se quer dizer.

Uma primeira resposta...

Prezada Isabela,

Li a sua carta. É isto mesmo! Antes de qualquer coisa, senti que seu texto é uma grande carta. Uma interpretação livre e, por ser livre, muito intensa e profunda do seu diálogo com estes ilustres escritores de cartas que nos engrandecem, como humanidade, à medida que registraram seu legado de vida e deixaram como um grandioso brinde para nossa história humana nesta terra – Pacha Mama.

À medida que avancei na leitura deste seu texto/carta, senti-me como num passeio, num voo revelador e rasante sobre um recorte histórico e a dinâmica de registrar e comunicar através de cartas. Mas por que um passeio e um voo revelador e rasante?

Passear pode ser sinônimo de caminhar, andar devagar e com atenção, mas também voar, olhar de cima. Assim, a leitura deste texto fluiu para mim e creio que para todos/as que tiverem a oportunidade de lê-lo, com a sensibilidade e a atenção necessárias, como sendo um breve passeio em um parque, com a presença de cada um/a dos escritores e escritoras de cartas citados. Mas, por outro lado e na mesma dimensão, ao comparar a leitura do mesmo com um voo revelador e rasante, quero tão somente chamar a atenção e fortalecer o que para mim configura-se como a grande virtude deste texto/carta.

Explico. Ele é revelador pela virtude que tem de trazer à tona a imensa contribuição carto-pedagógica de pessoas como São Francisco de Assis, Olga Benário e outros/as. É rasante por ser fagulha, ou seja, um convite, uma provocação para mergulhar ainda mais na imensa riqueza humana e histórica presente nas cartas que nos deixaram como legado cada um dos autores e autoras citados por você aqui nesta sua carta / texto.

Esta grande carta sua, ao mesmo tempo que é um convite para conhecer mais de cada um destes autores, é proposta de um diálogo para cada leitor/a particular que venha a ter o privilégio de lê-la e também poder respondê-la, não diretamente para você, mas para o âmbito do movimento, organização popular e especialmente, neste áureo momento histórico, no âmbito da própria Rede de Educação Cidadã, tão eloquentemente citada ao longo do seu texto.

Escrever cartas pedagógicas, ao mesmo tempo que é um exercício fecundo de registrar a experiência, é uma forma privilegiada de gerar conhecimento, à medida que dá corpo, organiza e sistematiza o cotidiano como a mola mestra e básica de todo conhecimento. É também uma forma e expressão de comunicação que extrapola suas fronteiras e se faz conhecimento elaborado da experiência vivida, a exemplo de tudo que a Recid já produziu nas duas sistematizações já socializadas e na reflexão textual *Sem cercas e muros...* recém-lançada pela equipe Recid/Camp.

Notei que sua carta é também uma grande pergunta distribuída em várias pequenas perguntas. Quem pergunta quer respostas e, sendo assim, uma carta emitida só se realiza, quando é respondida. Respondida não necessariamente com respostas apenas, mas com outras perguntas, expressas em dúvidas e na própria manifestação da experiência de quem se reconhece aberto para aprender, afinal, como bem nos lembra Freire em sua humildade: "ninguém é tão sábio a ponto de saber tudo e ninguém tão ignorante a ponto de saber nada". Assim, sua carta cumpre a função de ser instrumento que comunica, mas que não se arvora a bastar-se em si mesmo, antes de tudo quer ser instrumento que se propõe diálogo e assim realizar-se na sua função de gerar aprendizagem e autonomia nas pessoas.

Cada um destes autores – escrevedores de cartas – citados por você e certamente os muitos não citados, mas que nestes se sentem representados, estão felizes por terem nas mãos sua resposta e instigante convite à reflexão e escrita de novas cartas.

Oxalá esta sua bela iniciativa seja uma motivação a mais para ir à leitura destes autores/as e, na experiência e legado deles, despertar e fortalecer em nós o exercício de registrar nossas experiências de vida, ajudando assim a gerar e elaborar conhecimento – a exemplo do esforço que a Recid vem realizando com seu corpo de educadores/as populares pelo Brasil afora –, através do exercício das cartas pedagógicas.

Cordial e fraternalmente,

Francisco M. Teixeira

Pedagogo e aprendiz de educação popular

Bibliografia

ARROYO, Miguel G. A atualidade da educação popular. *Seminário Educação* (UFMT), 2000. Disponível em: <http://www.ufmt.br/revista/arquivo/rev19/arroyo_1.htm>. Acesso em 12 de abril de 2012.

BAHNIUK, Caroline; CAMINI, Isabela; GEHRKE, Marcos; DALMAGRO, Sandra Luciana (org.). Pedagogia que se constrói na itinerância: orientações aos educadores, *in: Caderno das Escolas Itinerantes*. Curitiba, n. 4, 2009. (obra no prelo).

BETTO, Frei. *Cartas da prisão:* 1969 – 1973. Rio de Janeiro: Agir, 2008.

BÍBLIA SAGRADA. Tradução dos originais mediante a versão dos monges de Maredsous (Bélgica) pelo Centro Bíblico Católico. Editora Ave Maria Ltda. São Paulo, 1977.

BOFF, Leonardo; BETTO, Frei. *Mística e espiritualidade*. Rio de Janeiro: Rocco, 1994.

CÂMARA, Dom Hélder. *Circulares Pós-Conciliares*. Pernambuco: Companhia Editora de Pernambuco (CEPE), v. 3, 2012.

CAMINI, Isabela. *Escola Itinerante* – na fronteira de uma nova escola. São Paulo: Expressão Popular, 1ª reimpressão, 2011.

________, *et al. Sem cercas e muros* - a educação popular no meio do povo: análise do processo pedagógico das oficinas da Recid. Rede de Educação Cidadã/Camp. Brasília, 2012.

COELHO, Edgar Pereira. *Pedagogia da correspondência:* Paulo Freire e a educação por cartas e livros. Brasília: Liber livro, 2011.

CROCOLI, Aldir. Testamento de São Francisco: elementos para uma leitura. *Revista Franciscana*. Petrópolis, v. 5, n. 8, 2005.

FREIRE, Paulo. *Cartas à Guiné-Bissau* – registro de uma experiência em processo. Rio de Janeiro, Paz e Terra. 1978.

__________. *Professora sim, tia não:* cartas a quem ousa ensinar. 12. Ed. São Paulo: Olho D'Água, 2002.

__________. *Pedagogia da indignação.* Cartas pedagógicas e outros escritos. São Paulo, Editora UNESP, 2000.

__________. *Cartas a Cristina.* Rio de Janeiro, Paz e Terra, 1994.

GRAMSCI, Antonio. *Cartas do cárcere.* Rio de Janeiro: Civilização Brasileira, 2005. Edição Carlos Nelson Coutinho e Luiz Sérgio Henriques.

GEHRKE, Marcos. *Escrever para continuar escrevendo:* as práticas de escrita da escola itinerante do MST. Brasil, 2010. 168f. Dissertação (Mestrado em Educação) – Programa de Pós Graduação em Educação. Universidade Federal do Paraná, Paraná, PR, 2010.

JULIÃO, Francisco. *Até quarta, Isabela* – carta testamento (memórias, 1965). Petrópolis: Vozes, 1986.

LOPES, João Marques. *Saramago – Biografia.* São Paulo: Leya, 2010.

KNOWLES, Malcolm S. *The modern practice of adult education:* andragogy versus pedagogy. New York: Association Press, 1970.

MACHADO, Carmen Lucia Bezerra; MARCELINO, Ana Lúcia Gonçalves; SILVEIRA, Marner Lopes (org.). *Cartas educativas* – uma experiência-ação de resistências, anúncios e fazeres. Porto Alegre: Itapuy, 2010.

MÉLIGA, Laerte Dorneles; JANSON, Maria do Carmo. *Encruzilhada Natalino.* Porto Alegre: Vozes, 1982.

MORAES, Fernando. *Olga.* São Paulo: Ômega, 1985.

MST. *Caderno de Formação n. 25.* São Paulo: MST, outubro de 1997.

__________. *Paulo Freire um educador do povo.* São Paulo, Editora Peres, 2ª ed. 2001.

__________. Dossiê – MST Escola – Documentos e Estudos 1990-2001. *Caderno de Educação.* n. 13 – edição especial, Veranópolis: Iterra, 2005.

PRESTES, Anita. *Olga Benário Prestes e Luiz Carlos Prestes, meus pais.* Disponível em: <http://www.ufsm.br/roth/textoanita1.htm>. Acesso em 10 de março de 2012.

RECID - Rede de Educação Cidadã. *Cartas Pedagógicas*. Brasília, 2008.

SARAMAGO, José. Carta para Josefina, minha avó. *Blog prêmio prosa poética*. 29 ago 2011. Disponível em: <http://premios--prosa-poetica.blogs.sapo.pt/27231.html>. Acesso em 1 de junho de 2012.

TEIXEIRA, C. M. (org.). *Fontes Franciscanas e Clarianas*. Petrópolis: Vozes, FFB, 2004.

THOMPSON, E. P. *A miséria da teoria ou um planetário de erros*. Rio de Janeiro: Zahar, 1981.